U0601859

阅读成就思想……

Read to Achieve

Empowering Sales
Through Visuals

Whiteboard
Selling

白板式销售

视觉时代的颠覆性演示

【美】科里·萨默斯（Corey Sommers） 大卫·詹金斯（David Jenkins）◎著

钱峰◎译

中国人民大学出版社
·北京·

图书在版编目（CIP）数据

白板式销售：视觉时代的颠覆性演示 / （美）萨默斯，（美）詹金斯著；钱峰译.— 北京：中国人民大学出版社，2014.10
ISBN 978-7-300-19915-3

Ⅰ．①白…　Ⅱ．①萨…　②詹…　③钱…　Ⅲ．①销售学　Ⅳ．①F713.3

中国版本图书馆 CIP 数据核字（2014）第 232576 号

白板式销售：视觉时代的颠覆性演示

[美] 科里·萨默斯　著
　　　大卫·詹金斯

钱 峰 译

Baibanshi Xiaoshou：Shijue Shidai De Dianfuxing Yanshi

出版发行	中国人民大学出版社			
社　　址	北京中关村大街 31 号		**邮政编码**	100080
电　　话	010-62511242（总编室）		010-62511770（质管部）	
	010-82501766（邮购部）		010-62514148（门市部）	
	010-62515195（发行公司）		010-62515275（盗版举报）	
网　　址	http://www.crup.com.cn			
	http://www.ttrnet.com（人大教研网）			
经　　销	新华书店			
印　　刷	北京中印联印务有限公司			
规　　格	185mm×230mm　16 开本		**版　次**	2015 年 1 月第 1 版
印　　张	14.5　插页 1		**印　次**	2017 年 4 月第 2 次印刷
字　　数	130 000		**定　价**	55.00 元

版权所有　　侵权必究　　印装差错　　负责调换

前言

在我们发明的所有大众传播媒介中，图画仍然传达着最易于普遍理解的信息。

华特·迪斯尼（Walt Disney）

知识就是力量。早在 20 世纪 90 年代初，销售人员已经深谙这一道理，采购者却不然。如今，互联网的崛起使得采购者可以随时获得与产品和服务相关的信息，从而使这种局面得到了改变。

很多管理层都有一个共识，那就是在建立一支优秀的销售团队时，关键要做到：（1）确保成员对产品有非常深入的了解；（2）成员能对产品和服务进行令人信服的推销。基于这样的信念，不少销售组织建立了一系列强势的企业文化，进行强制化的产品培训，统一开发并严格控制的销售平台，同时，实施步骤清晰的销售流程。

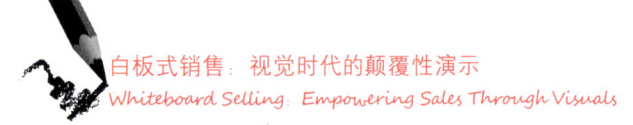
于是，推销的方式得到越来越多的关注，而拥有丰富功能和作用的产品却被淡忘。在销售人员是采购者最主要的信息来源的20世纪，创建这样的业务流程是有效的。

然而随着互联网的发展，之前的局势得到了扭转。采购者（尤其是拥有管理权的采购者）的地位已经发生了改变。通过互联网，采购者能了解到的产品和服务信息比销售人员还要多。在同等价格下，销售人员如果不能给产品带来更多的附加值，那就意味着采购方的成本增加了。为了减少成本，专业的采购组织会越来越积极地参与到购买谈判中。自从采购者优势变得日益明显之后，大多数 B2B 模式的企业的利润都被迫缩减，而这种改变就是形成这种局面的重要原因。

为了应对这一问题，很多销售领导者开始指挥他们的团队绕开采购部门，转而向企业中的高层管理者进行推销。管理层的级别越高，就越不会去了解相关的产品和服务，而是更加关心销售人员是否能帮助他们达成目标、解决困难。这就需要一种新的交流方式，但很少有销售团队能想出正确的方式。福雷斯特研究公司（Forrester Research）在对年度采购者洞察力的研究中，调查了管理人员对于销售人员的看法。在受调查的管理人员中，只有不到20%的调查对象认为普通的销售人员增加了产品价值，而68%的调查对象认为，销售人员只是在就产品或者服务进行一番推销。显然，有些事情迫切需要做出改变了。

为什么和公司高管人员沟通是如此重要呢？首先，高管人员的职责范围比他们的下属要宽泛得多。为了处理所有不断变化的事情，这些管理人员喜欢将整个事件以视觉化的方式系统地呈现出来，以确保事情的因果关系清晰可见，并达到最终的成功。其次，这些人之所以能从基层做到高管，成为企业中的领导，是因为他们证明了自己产出结果的能力。因此，他们更加倾向于讨论其他客户是如何与你的公司合作以解决困难、达成目标的。他们迫切想知道常见的陷阱是什么，其他人是如何处理这些陷阱的。对于这样的对话范围以及互动的特性来说，那些以产品为中心、以准备好的演讲为驱动力的传统沟通方式完全无法适应如今形势发展和需求了。是时候采取一种完全不同的策略了。

　　这就是本书如此重要的原因。尽管用白板传达复杂的观点不是什么新创意，但为内容的开发而创建一个完整的架构和流程，赋予销售人员技巧去创建白板的方式则是全新的。在这本书中，科里·萨默斯和大卫·詹金斯首先阐明了搭建白板讨论框架的基本特质——以有效的方式确保销售人员建立起紧紧围绕着高管人员而展开的安全关系网络；其次，他们向读者展示了如何一步步将文字信息以视觉形式呈现出来；最后，科里和大卫提供了制作白板的必要条件以及白板最佳实践范例，以及如何对销售人员进行培训，使他们在客户情境中变得更加高效。这种新的交流媒介一旦得到成功运用，销售人员将会更快地适应外部的变化，更迅速地传递复杂信息，并且能够减少传统演示方法中固有的弊端。

斯科特·圣图齐（Scott Santucci）

福雷斯特研究公司研究中心主任、销售开发首席分析师

你是一名为了企业前景而正在寻找全新的、创造性方式的专业销售人员吗？或是一名希望通过独特的方式传达合适的信息，将企业采购者吸引到销售漏斗中的市场营销人员吗？抑或是一个关注销售转型、大额交易以及短期交付的销售团队负责人？

如果是这样的话，那么这本书非常适合你。

如果你只能用一支笔、一张图表进行销售，你会怎么办呢？当专业销售人员没了幻灯片，只有一支笔时，他们反而会更加自信，也更有可能促成采购者的购买行为。这本书将向你展示如何改变你或者你所在的整个销售团队的销售方式。

首先我们必须声明，尽管这本书取名为《白板式销售：视觉时代的颠覆性演示》，但这绝不意味着是我们为销售发明了白板。白板已经被经验丰富的专业销售人员以及其他面向客户的人员运用了几十年。我们所做的只是为搭建强大的视觉内容和讨论框架补充大量的结构和流程，使销售人员更能引人入胜地呈现内容，更能直观地刺激采购者采取行动。

视觉销售是新点子吗

　　是，也不是。关于视觉沟通、视觉思维以及表达技巧的书籍有成千上万本——不光是书，还有大量的学术论文以及调查研究。的确，在达成一项生意的时候，视觉思维、视觉传达以及视觉沟通的方式和方法具有明显的优势，这已经是不争的事实。我们的文化已经越来越视觉化，我们通过不断增加的视觉渠道来消费媒体和信息。

　　同样的，很多书籍以及其他出版物都详细界定了各种销售准则和销售过程。询问任何一个专业销售人员，他都会记起至少两到三种销售方法，每个方法都有各自的手段说服采购人员。

　　而其中又有多少书是围绕着如何开展并更好地进行幻灯片演示而著的？我们要知道向顾客展示一系列幻灯片不属于视觉销售。销售是一个动态的过程，销售应该鼓励与采购人员互动，让采购人员参与进来。如果采购人员只是被动地观看一系列幻灯片，这就不能算是真正的视觉销售。

这不是
视觉销售

本书的不同之处

那么，这本书和之前提到的书籍有什么区别呢？

本书重点关注能够实际操作的视觉销售技巧。这能使你的销售团队以更快的速度销售更多的产品或服务。无论是大型的销售团队，还是小型的企业主或是受雇于新兴公司的销售人员都可以运用这些技巧。如果你想在销售的时候学着运用视觉思维和视觉沟通，那么你就必须学习独特的观点，掌握最佳的实践方式。所有这些，你都能在这本书中找到。

本书中的视觉销售技巧和方法与任何销售准则都是一致的。通过视觉手段进行销售可以成为销售方法和销售支持项目的一部分。在销售的时候，也就是一个销售人员在传达产品或服务的独特价值主张时，使用强大的视觉图像将成为大型销售模板或者销售转型计划的一部分（甚至可能是最重要的部分）。

这本书将一步一步教会你设计出强大的视觉图像，以支持你整个的销售流程。本书的目标就是成为销售和营销机构完整详尽的工具书，让视觉销售技巧成为进入市场的有效策略。同时，这还是一本实践和理论并重的书。

这本书对于销售人员和市场营销人员来说都很重要，它提供了非常实用的指导方针。销售专家和市场营销人员都可以使用这些指导方针来提高工作效率。虽然"消除销售和市场之间的鸿沟"这句话已经被用腻了，但是对于这本书来说仍然非常合适。它将以一种可用的、强有力的方式将市场的信息传递给销售人员。

最后要说的是，经过过去五年多的销售实践的检验，来自20多个国家、75个销售组织的5万多名专业销售人员从这些方法中获益，并戏剧化地转变了他们与现有客户和潜在客户的沟通交流方式。这是本书最有力的例证。

重要的是白板吗

有些人认为，白板销售重要的不是在白板上涂画——"白板演示"，而是视觉思维和创意构思。这种观点在一定程度上是正确的。但是在这本书中，我们探讨的白板（或者其他任何可以绘画的表面）是一种可训练的、可重复的、受到流程驱动的机制，并能确保将复杂产品和服务高价销售给买家的方法。

只有在能促成引人注目的活动中，如购买百万美元的软件包、医疗设备、金融服务产品、或者咨询服务（这些只是众多产品和服务中的一部分），使用一支笔将创意通过图画的形式表达出来的行为才是有用的。当通过一个绘画阐释销售解决方案时，你必须了解销售流程以及获得培训领域支持，你必须评估每一个销售人员在使用视觉思维时的熟练程度，以推动销售机遇向下一个阶段发展。如果你不了解销售背景，那么画线形图、笑脸以及其他简笔画是不会帮你提高销售业绩的。

在本书的最后，你将了解到如何以强有力的工具和技巧来培训并支持整个分销渠道，这样你就可以在将产品和服务推向市场时，把你的笔变成开拓市场的独门武器。

该如何使用本书

第一部分——幻灯片时代的终结

从 2007 年起，我们就一直在帮助大中小型企业放弃使用幻灯片。随着时间的流逝，我们越来越不需要向现有客户和潜在客户证明，白板销售在重要的销售互动中比幻灯片有更明显的优势。在本书的第一部分，我们将通过真实的故事说明为什么幻灯片不应该在销售价值高的销售互动和销售培训中使用。

第二部分——抓住视觉销售的机遇

在你了解到销售人员、销售培训师可以从幻灯片和投影仪的魔爪中真正地解脱出来后，第二部分将告诉你通过视觉销售技巧所能捕捉到的机遇和好处，以及视觉销售如此高效背后的科学原理。我们还将重点强调一些令人印象深刻的结果。

第三部分——白板式销售到底是什么

在这一部分中，我们将介绍不同的白板类型，并通过个案研究展示白板结构、内容以及流程。第三部分还包括各种练习和活动，让你一展白板演示的身手。

第四部分——构建白板式销售

不论你是一个个体销售人员还是市场或销售团队的领导，你都需要在设计白板之前整理一些关键资源——人力和内容。我们将告诉你如何参考一些基本的、经过证实的白板创作的最佳案例。

第五部分——让白板演示成为可能

你已经设计了一些有效的白板内容。那么接下来要做什么呢？这一部分主要讲述销售支持选项，在白板进入现场使用前的测试方式，以及如何衡量白板销售培训是否成功。

第六部分——白板演示及注意事项

这一部分包括一些基本的白板呈现的最佳案例，如何将白板变为有效的工具，以及在销售过程中证明、传达的后续步骤。

目录

PART1

幻灯片时代的终结

CHAPTER 1

演示幻灯片在
当今销售文化中的角色

使敌军瘫痪的最佳方法就是向他们运输幻灯片以破坏其决策的制定。

罗伯特·加斯金斯（Robert Gaskins），PowerPoint 的联合发明者

" 夺命幻灯片"（death by PowerPoint）这种说法非常流行，乃至成为企业文化中根深蒂固的一部分。事实上，就在本文撰写时，如果你在谷歌上搜索这句话，查看谷歌图片搜索结果，你将看到 5 万条与这句话相关的图片（很多都非常具有喜剧色彩）。这句话是由安吉拉·加伯（Angela Garber）于 2001 年在其一篇很精彩的文章中提出来的。但和其他成千上万的文章、书籍一样，安吉拉的文章也是讨论如何在避免幻灯片自身缺陷的基础上继续使用幻灯片，这样换汤不换药的建议。我们不禁要问："为什么不彻底改变呢？"

我们知道，幻灯片是公司内部交流或者采购者与销售人员之间沟通的主要方式。但是有数据显示，幻灯片的使用者在大量流失。在 PowerPoint 问世 20 周年之际，《华尔街日报》（*the Wall Street*）刊登了一项研究结果，该文章保守估计每天由于糟糕的幻灯片演示而导致的损失高达 2.5 亿美元，这是根据微软公司在 2001 年对 3 000 万份现有幻灯片演示评估得出的结果。2001 年，还是幻灯片演示的婴儿期，或者更确切地说是它的青春期。而如今，数以千万计的幻灯片正被源源不断地制作出来。可以想象如今由幻灯片造成生产力损失将达到数百亿美元！

何以至此

20 世纪 80 年代中期发生了一些重要的事情。IBM 公司生产出首台个人电脑，个人电脑业务随之出现。更重要的是，幻灯片演示软件应运而生。文字处理、电子数据表以及幻灯片演示软件使得 20 世纪 80 年代的企业在生产力上有了巨大的提高，企业的沟通方式也毫无疑问地得到了重塑。但对于销售高价值产品或服务的人员来说，这些软件能否在 21 世纪继续提升他们的生产力仍然是颇具争议的。

从箔纸到幻灯片

在幻灯片演示软件问世之前，用箔纸（foil）演示传达一个独特的想法并不新鲜。20 世纪 60 至 80 年代，我们相继迎来了带有幻灯片的高射投影仪 (overhead projector) 以及幻灯机 (slide projector)。这两种机器在大学教室、政府机构以及企业会议室里到处可见。高射投影仪的老旧灯泡发出的"砰砰"声以及幻灯机卡住后发出的"啪啪"声对于一些人而言，是那个消逝的年代留下的美好声音（对另一些人而言，则不那么美好）。

当电子幻灯片（电子幻灯片是电脑产生的影像，它将文字、图像以及表格融于一项程序中）出现时，沟通方式随之发生了巨大的变化。演示者可以在幻灯片之间进行无缝

翻阅，插入多媒体元素并且融合其他软件程序。很快，人们就陷入到对幻灯片软件的沉迷中。

我们在前进还是在倒退

电子幻灯片的时代创造了一个新兴的沟通巨星——PowerPoint。在计算机制作幻灯片市场中，PowerPoint 很快成为了主力，并在 20 世纪 80 年代末和 20 世纪 90 年代初取代了哈佛图形工具（Harvard Graphics）。哈佛图形工具曾在 DOS 系统占了将近 70% 的市场份额，但自从个人电脑系统从 DOS 转向微软 Windows 后，哈佛图形工具就再也没有获得大量关注。PowerPoint 以其方便的形式和动态效果很快成为公司、教育行业以及家庭的首选。

从那时起，PowerPoint 就被广泛地（或者应该说"疯狂地"）应用于企业的办公室或者会议室，作为销售演示的固定方式。只要存在销售这一行业，糟糕的销售演示就一

直会出现。因为，PowerPoint助长了坏习惯的滋生，让销售人员觉得没有必要从客户的角度思考，没有必要仔细研究客户的信息，也没有必要努力准备。"他们试着添加多媒体展示元素（比如声音效果，还有在幻灯片、动态文字以及从荧幕外飞入固定位置的要点之间进行切换），以吸引注意力"，加斯金斯说道，"在刚开始运用时，其中的很多元素都很新颖有趣。但事实上，在会议中，所有这些外在的娱乐因素并不比高射投影仪更为有效。"这些动画不仅没有什么用途，反而还被过度、不当地使用。这使得销售演示成了一种消遣，甚至变成实现所有会议核心目的的绊脚石。

虽然电子幻灯片在各行各业被迅速地使用，但是，在销售人员如何向企业决策制定者传达产品商业价值和解决方案这一点上，却是一种倒退。事实上，从高射投影仪向幻灯机的转变本身就是一种退化。增加的结构、要素以及动态视觉功能实际上失去了用油性笔手绘的自由、灵活。手绘更像白板演示，而不只是一个技术工具。

幻灯片如何破坏销售流程

尽管我们也认为幻灯片在企业内确实有用武之地，但是对于一些巨大的销售机遇来说，幻灯片却是灾难。在第一场销售会议中，让一位销售人员进行长达一个小时的幻灯片演示并不会得到采购者的肯定。事实上，这很可能会削弱销售人员的能力，使其不能恰当地和客户交流，更不能传达产品的商业价值和解决方案，最终导致专业销售人员可信度的降低。

淹没在幻灯片糖果中

PowerPoint 出现越来越多的动画和各种带来华而不实视觉效果的东西，这使得所有种类的幻灯片演示变得像电视广告一样。观看一个汽车广告是一回事，但在销售人员推销产品或服务时，被说服购买又是另外一回事。

其中很多问题都和 PowerPoint 专家大卫·巴拉迪（David Paradi）在 2011 年做的调查相呼应。对于幻灯片演示为何不受好评这一问题，603 位受调查者给出了如下的答案。

演示者只是朗读幻灯片	73.8%
展示的是全句，而非要点	51.6%
文字太小，无法阅读	48.1%
颜色选择不当，很难看清幻灯片	34.0%
图标太过复杂	26.0%

更长的销售周期

使用 PowerPoint 可能拉长销售周期吗？可能！当人们感到厌烦，或者无法将注意力集中在你所要传达的核心信息上时，他们是不会决定购买的。

幻灯片使得市场营销人员和销售人员放弃产品的细节、特征、功能、图解、架构以及其他东西。在第一次关键的销售沟通中，幻灯片注重展现的是产品和特征，而销售人员应该关注的是产品质量，探索发现解决方案将如何传达独特的商业价值。由于幻灯片将所有的焦点集中在产品及其特征上，售前展示和其他技术资源在销售周期中就会被提前要求，这样就会造成以下不好的结果。

- 展示可能要求技术支持和其他主题专家全程参与推销（甚至可能是不合格的推销），销售成本将大大增加。
- 需要处理和其他相关人员的冲突，从而导致延误。
- 在其他更加合适的机遇出现时，销售方无法请到稀缺的行业专家。

并且，如果在演示幻灯片之后，公司的解决方案无法恰当地展现出产品的差异化优势，那么公司将会面对漫长的技术评估和概念验证，从而使销售周期大大延长。

幻灯片无处不在

企业应该记住，幻灯片演示好比一把双刃剑，有其优势，但也会非常容易地把销售方法传达给竞争对手。正如加斯金斯所说："幻灯片可能会破坏竞争对手的思维方式，但更有可能使你的公司失去竞争优势。"导致一家公司的 PowerPoint 文档以及 Adobe Acrobat 阅读文档被公布到互联网上最常见的方法有：销售人员将文档送给客户或合作伙伴，这些人将文档上传到公共网络；或者是公司员工将文档上传到公司公开的网站上。像谷歌这样的搜索引擎不会关心你的文档是否只对合作企业开放，如果没有采取保护措施，这些搜索引擎就会找到文档。

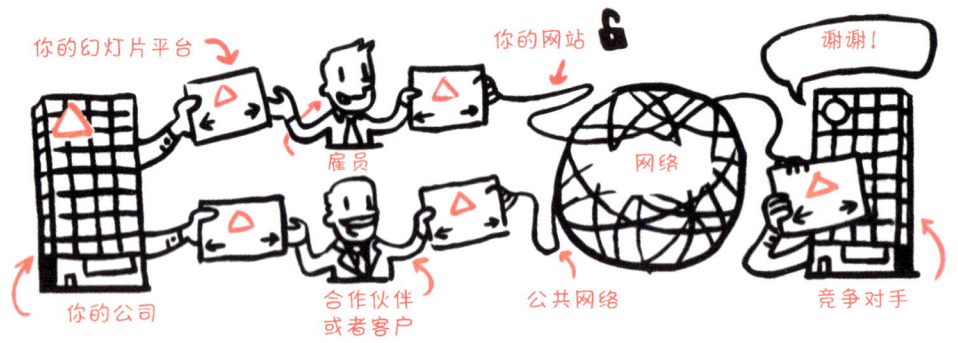

用谷歌试一试搜索以下内容，找找看公共网络上有哪些可能涉及你公司的敏感文件：

【你的公司名】文件类型：ppt；

【你的公司名】文件类型：pdf；

【你的公司名】文件类型：doc；

【你的公司名】文件类型：xls。

如果是较大型的公司，可以试试：

【你的公司名】"销售演示"文件类型：ppt（pdf）；

【你的公司名】"营销计划"文件类型：ppt（pdf、doc、xls）；

【你的公司名】"销售策略"文件类型：ppt（pdf、doc）。

也可以试一下其他关键字组合。搜索结果可能会让你大吃一惊。

会议前的幻灯片洗牌

你知道幻灯片是僵化的，有时候令人感到厌烦，并且很难看清楚，甚至会诋毁你的品牌，泄露你的机密信息。因此，有时候你会考虑根据客户需求制作幻灯片演示文稿。但这样的定制化也会有其自身的问题。当你在演示前的最后关头完成幻灯片制作时，又可能发生什么呢？让我们来看以下不同的情境。

演示头天晚上出现的变数

假如你正在准备第二天要给一位中层经理演示的 30 张幻灯片。这时，你接到了联系人的电话，说他们的老板也会参加你的讲演，这使得你不得不对幻灯片做出调整。你需要插入其他演示文档的幻灯片，但这会花费两个小时，而你原本打算用这两个小时更新销售预测的。

五分钟前出现的变数

你获悉首席执行官也将参加会议。你可以勉强删掉或者重新整理幻灯片，但是添加其他演示文档的幻灯片是不可能的了。而且这样做会使你的幻灯片显得没有条理，也会给人留下准备不充分的印象。

演示中的变数

与会者想要听一些别的内容。你可以选择在屏幕上打开一个新的演示文档（潜在的风险是你会向客户暴露目录结构），或是跳过一些幻灯片。

最糟糕的情况是与会的采购者、意料之外的决策者或其他有影响力的人对某一主题感兴趣，但你却没有准备相关的幻灯片，也无法将他们的需求加入你的演讲中。这时会议室里只有一块白板让你利用。在这种情况下，你将如何运用它？本书在接下来的部分将会教你如何通过白板展示。

嘿！你的投影仪在哪里

即便你将幻灯片安排得井然有序，并且最后一分钟也没有出现变数，可是你仍然没有脱离困境，远远没有。你会随身携带一台投影仪吗？很多经常使用幻灯片的销售人员并不会携带投影仪，因为大多数会议室的天花板上都有一个投影仪。对于那些依赖幻灯片的人来说，不带投影仪是一个致命的错误。

我永远也不会忘记那次推销，销售会议原本计划在装有投影仪的会议室召开。可正好赶上前一个董事会议没有结束。于是，我们的会议被迫改在一个没有投影仪的小会议室里举行。管理员从音视频柜中翻出了一个分辨率为 800×600 的古董级投影仪，结果我的幻灯片没有办法显示出底部和右部的内容。当时我就发誓不再使用幻灯片演示了。

美国得克萨斯州暖通空调设备公司的高级客户主管

天花板上的投影仪常会出现遗失、损坏或者停电等问题，谁不曾有过爬上会议室的桌子试着修好它的经历呢？

我在向某家大型电信公司首席信息官做演示时，天花板上的投影仪突然不工作了。当首席信息官在的时候，服务人员很快地出现了。他们爬上桌子，推开天花板，结果发现一只老鼠将电线咬断了！

商业服务管理公司高级客户经理

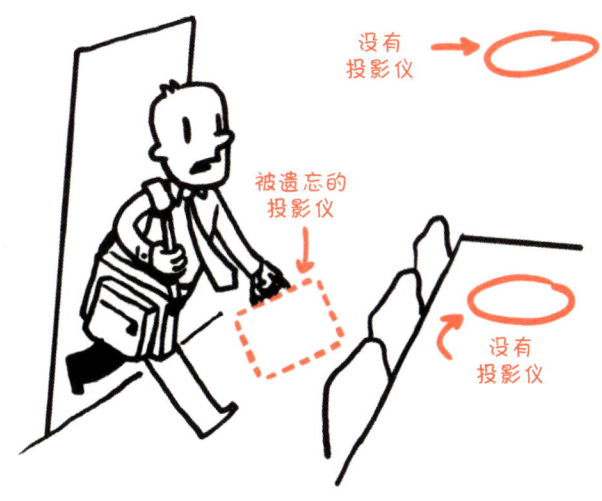

如坐针毡

即便是最小型的幻灯机、投影仪也需要冷却灯泡。可怜了那些坐在投影仪两边的销售人员。

整个会议室都坐满了人，只有投影仪旁边的位置还空着。很快我就知道了这个位置空着的原因了。投影仪风扇喷出来的热气很快就让我的衣服湿透了，更糟糕的是我没有穿背心。我开着玩笑，不让任何人发现我已经汗流浃背，并且站起来在屏幕前四下走动，以风干我的衣服。问题是，我还得让一个参与者帮我推进幻灯片演示。那一天真算得上是我的尴尬日。

医疗设备和器械公司售前工程师

现在，你对幻灯片演示的历史及其对销售人员的不利影响有了一定了解。在接下来的一章中，我们将看到幻灯片演示对销售培训的影响。

CHAPTER 2

幻灯片在当今销售培训中扮演的角色

我觉得自己好像处在战争地带。幻灯片是炸弹，演示者正朝着每一个方向开火，还好除了一些巨响声以外，并没有人受伤。

美国东部一家大型网络公司的东部地区业务拓展经理

幻灯片之战

你参加过典型的产品培训会吗？所有的销售人员一整天都呆在一间会议室里，演示者用幻灯片一连串地介绍最新最棒的产品和特征。8 小时之后，他们走出会议室时，已是头昏脑胀，昏昏欲睡了。在幻灯片火力密集的时候，本应该有一些连接产品特征和功能的东西供客户评价。但遗憾的是，这并不是必需的。

幻灯片不仅对我们在第 1 章中提到的面向采购者的销售会议产生消极影响。作为市场和销售支持团队用关键信息武装销售人员的基础，销售人员必须通过幻灯片学习相关技巧以积极开展工作。因此，幻灯片还是公司向销售人员传递最新最棒的产品和解决方案的渠道。注意！这里的关键词是"向他们传递"，而不是"与他们交流"。

研究表明，人们只能记住整个幻灯片内容的 20%——前三张幻灯片和最后三张幻灯片，这一记忆规则也得到了科学证实。在这本书后面的部分，你会发现基于幻灯片的销售和培训是如何导致记忆不牢固、动机缺乏，从而造成差强人意的效果。

幻灯片演示不适合销售培训和推销的另一个原因是它们的无穷性。这么说的意思是，关于在特定时间内观众能消化多少张幻灯片，或者每张幻灯片上应该包含多少内容，都没有普遍接受的准则或不容变更的规定。如果有，白板式销售可能也就不会如此具有吸引力了。

使用幻灯片培训最令人失望的一点是，向销售代表传递的方式无法让信息真正帮助他们与客户之间进行对话。在大多数情况下，立足于幻灯片的培训变成了纯粹的信息传递，而不是让销售代表掌握关键技巧和信息，以便引导公司、客户进行有效、有价值的对话。

来自地狱的幻灯片议程

以下这个销售培训议程看着很眼熟吗？

时间	周一	周二	周三
上午8：00点	【产品名称】 产品推介演示者 【姓名】 产品营销经理	【产品名称】 产品推介演示者 【姓名】 产品营销经理	【产品名称】 产品推介演示者 【姓名】 产品营销经理
上午9：00点	【产品名称】 产品推介演示者 【姓名】 产品营销经理	【产品名称】 产品推介演示者 【姓名】 产品营销经理	【产品名称】 产品推介演示者 【姓名】 产品营销经理
上午10:00点	【产品名称】 产品推介演示者 【姓名】 产品营销经理	【产品名称】 产品推介演示者 【姓名】 产品营销经理	【产品名称】 产品推介演示者 【姓名】 产品营销经理
上午11:00点	【产品名称】 产品推介演示者 【姓名】 产品营销经理	【产品名称】 产品推介演示者 【姓名】 产品营销经理	【产品名称】 产品推介演示者 【姓名】 产品营销经理

怪不得一天下来，销售人员都需要喝一杯烈性饮料（而这仅仅是一上午的议程）。记住一份幻灯片演示的信息已经很困难了，更何况是五六份甚至更多呢！

由于这样的销售会议绝大多数都是非互动性的（除了在最后有五分钟的问答部分之外），因此，与会者很容易将注意力转移到个人设备所接收到的信息和电子邮件上。如果管理者对打瞌睡或者回复邮件没有反应（毕竟，房间里太暗，根本看不清谁在开小差），

人们很容易就分心了。

这种培训既没有互动性，也没有什么实际作用。我们不禁要问："培训的预期是什么？"在这样的培训中所得到的信息，销售人员应该如何处理呢？

常态化的幻灯片培训

每年，大大小小的销售机构聚集在会议中心或公司总部，宣传介绍新的产品。使用幻灯片培训成为了一种常态。对于大型活动而言，将所有人聚集起来的费用是巨大的。在一些情况下，每个与会者的费用将达到 1 万美元甚至更多（包括旅行、住宿以及其他诸如会议场地、酒宴和娱乐等活动支出）。除了团队建设和颁奖晚宴会有一定的收益外，整个幻灯片演示中只有一小部分的信息会被记住。如果你承认这就是会议的回报，那么提升销售效果的资金在这些会议上就没有得到有效利用。

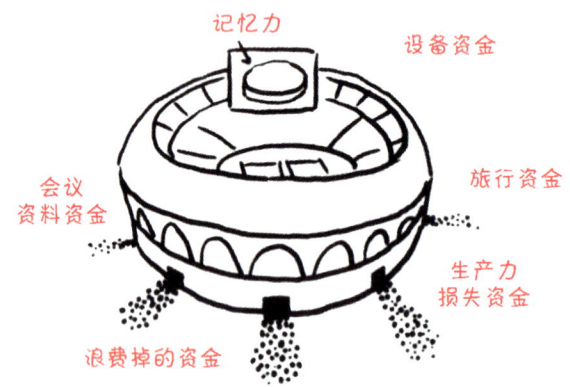

典型的年度动员大会

最近，我们正在和一家计划举行全球年度动员大会的大型软件公司合作，将会有2 000多名销售人员从20多个国家坐飞机来到公司总部。整个活动成本占据了年度销售运营预算的很大比例。年复一年，动员大会的议程没有改变太多，总是包括以下几个主要议程：

- 开幕式；

- 产品专场（幻灯片演示）；

- 销售技巧培训（情境模拟）；

- 颁奖晚宴；

- 鼓舞士气的演讲；

- 团队建设活动（寻找珍宝等）；

- 闭幕式。

如果销售技巧培训能够被广泛接纳、反复进行，并能对其效果进行衡量的话，在销售技巧培训上所花的钱才是值得的。普及型的销售技巧包含了组织构架、客户管理最佳实践、谈判技巧等技能，并涵盖要求亲身实践的角色扮演和情境模拟演练，这样才能有助于促进学习和记忆。但是，在上文提到的议程中，其薄弱环节就是销售会议中的产品展示。

后面，你将看到我们是如何帮助同一家公司在重要的销售会议和动员大会中摆脱幻灯片培训牢笼的束缚，走向互动、易记、高效的销售培训的。我们又是如何和市场部紧密合作，改变他们原先创造的、在培训课程中传递内容的方式的。

那个幻灯片来自哪里

在一天的演示结束后，即便我们把幻灯片材料、宣传册或者包装完好的销售工具分发给了与会者，这些材料仍然很有可能被扔进废纸篓，或者被遗忘在架子上。

有时候，演示者在演示结束后会分发记忆棒（memory sticks），或者将演示内容公布在企业内部网上。你可能认为，当你将幻灯片传递给销售团队和合作伙伴时，你的销售和市场信息已经上锁了。但是，你的演示文稿却神不知鬼不觉地在公司中流传开来，这违反了公司的指导方针。并且，原有的一些幻灯片消失了，而由销售人员自己设计的另外一些幻灯片却被穿插了进来。在你发现之前，与之前完全不同的信息早已经传递给了潜在客户，而这种信息很有可能破坏公司的品牌以及公司在市场中的形象。

在线幻灯片"沸腾"你的大脑

不论销售团队的规模如何或从事的领域如何不同，在对销售团队进行网上培训时，幻灯片都扮演着重要的角色。内部的网络研讨会以及其他网络会议通常包括视频会议或通过幻灯片进行远程培训。这种培训留下的记忆更少，因为你没有办法阻止与会者在听演讲时不去查看邮件或处理其他工作。

在线课程也充斥着学习管理系统的幻灯片。维持在线的、基于幻灯片的学习对每一个培训机构来说都是一项挑战。开发，再开发，甚至是调整内容所需的时间和开支，很快就会成为流失的资源。随着多系统运用，公司内部网站以及单个硬盘对在线材料的存储、使用、分发以及对版本的控制会变得失控，要想确保销售代表使用最新的内容几乎是不可能的了。

我们希望你已经了解并相信幻灯片会对销售培训项目以及销售活动造成破坏性影响了。

CHAPTER 3

关于幻灯片控的自我评估

你是幻灯片控吗

写到这儿，你应该相信在公司内部进行沟通，或与现有客户和潜在客户进行沟通时，使用幻灯片不是最佳的策略。现在你可能正准备学习一套新的方法。但是请先停下来，问自己一个问题：对你而言，不再使用幻灯片有多困难？你是一个无可救药沉迷于幻灯片的人吗？

我们设计了一套自测题，帮助你快速找到答案。由于销售和市场可能和幻灯片有着不同的关系，因此，其中一个测试是针对销售人员的，另一个测试则是针对营销专员的。

如果你在销售部工作（或者管理销售部）：

1. 如果你在飞机上看到《空中购物中心》（*SkyMall*）杂志刊登了一则轻薄型幻灯机的广告，你会：

（a）翻页，去浏览新型食品加工机的广告；

（b）觉得这个幻灯机很酷，但是你的销售办公室里已经有几台老款了；

（c）开始觉得你的手心湿了；

（d）在飞机上上网购买，下好订单。

2. 在制作或者演示一个幻灯片文档时，你：

（a）不知道如何将其设置为幻灯片放映模式；

（b）知道幻灯片动画按钮在哪儿，但是你从未用过动画；

（c）创造性地将旋转、滑动以及符号渐弱渐强模式结合起来；

（d）知道如何在你的屏幕上展示幻灯片注解，但在投影仪上只显示幻灯片。

3. 如果那个仅有的带投影仪的会议室无法使用，你会：

（a）耸耸肩然后问道："你们有白板吗"；

（b）松了一口气，因为你有演讲的纸质讲义；

（c）给出一个你在第一时间内能想出的理由，要求重新安排会议；

（d）拿出那个你在《空中购物中心》杂志上购买的轻薄型幻灯机。

4. 如果客户在你演示幻灯片时查看他／她的智能手机，你会：

（a）关掉投影仪，打开电灯，问道："我可以用你们的白板吗"；

（b）觉得自己的演示失去关注，变得有点生气；

（c）开始更快速地演示幻灯片，以重新获得客户的关注；

（d）提高声音，以便将客户的注意力重新转移到你的演讲上。

5．如果你的个人电脑和客户的投影仪不兼容，或者不能正常工作，你会：

（a）什么也不做。你没有带个人电脑，只带了几支白板笔，准备在白板上呈现你的故事；

（b）摆弄你的电脑以及投影仪，试着将它们修好；

（c）要求使用客户的笔记本电脑；

（d）拿出你为了以防万一准备的另一台个人电脑（电脑里事先存有演示文档）。

如果你在市场部工作：

1．为销售整合产品信息时，你会：

（a）较少使用幻灯片，取而代之的是播客、内部博客、协作工具，或者播放产品经理正在使用你帮忙设计的白板的相关录像；

（b）使用很多幻灯片，但是视觉图像是主要成分，文字很少；

（c）使用很多幻灯片，但是规定每张幻灯片的文字不超过 20 个，重点不超过 5 个，并且总是使用"渐强"效果；

（d）打开很多不同的幻灯片演示文档，作为内容来源。

2．在销售培训时进行幻灯片演示，你会：

（a）不使用幻灯片。相反，你会开展一些互动、亲手实践的活动来教授你的演讲内容；

（b）只有在销售代表、产品经理参加的小组讨论时使用；

（c）为参与者准备带有注解页的讲义，这些讲义和你的演讲内容一模一样；

（d）在演示时提供带有注解页的讲义以及使用翻页器。

3．当你在一家电子产品商店购物时，你会：

（a） 浏览各个电子产品区域，包括家庭娱乐软件区域；

（b） 仔细查看企业办公软件区域；

（c） 购买一些幻灯片模板；

（d） 完全忽略剪贴画区域。

4．你的同事需要帮助，想让你把他／她的幻灯片演示文档完善一下，你会：

（a） 向他／她道歉，说明你不经常用幻灯片，所以不是帮忙的最佳人选；

（b） 推荐部门中的其他几个人，这些人能更好地帮到他／她；

（c） 谦虚地同意帮助同事，并向她／他展示你的幻灯片技术；

（d） 飞速跑到他／她的办公区域，当场就提供帮助。

5．使用朋友的家用电脑时，你发现他的幻灯片软件属于旧版，你会：

（a） 无法区分新旧版本；

（b） 有点烦闷，因为你找不到特定的菜单项；

（c） 没有问题，因为不管是哪个版本，你都是专家；

（d） 坚持在他们的电脑上下载最新版本的试用版。

得分

无论你参加哪个测试（销售部或者市场部），为你自己算一下得分：

每一个答案为"a"的题目得 1 分；

每一个答案为"b"的题目得 2 分；

每一个答案为"c"的题目得 3 分；

每一个答案为"d"的题目得 4 分。

如果你的得分在 5 ～ 8 分：

你属于白板纪念堂。

如果你的得分在 9 ～ 12 分：

你处在恢复的途中。

如果你的得分在 13 ～ 16 分：

让你的同事把投影仪藏在你永远找不到的地方。

如果你的得分在 17 ～ 20 分：

别再找理由了，直接去"幻灯片监狱"吧。

PART2

抓住视觉销售的机遇

CHAPTER 4

一支笔的力量

我在此向你保证，参加完为期两周的新员工培训后，我一直在用这个新方法进行白板演示——成功率高达100%。你可以想象，走进一群实力强大的竞争对手的现任客户中，发现那些客户充满敌意且顾虑重重。不过每次在白板上演示后，他们的防线都开始崩溃，他们看待我公司的眼光也变得完全不同。

大型数据管理公司亚太地区大客户代表

既然你已经读到了第二部分，那么你很有可能同意：插上投影仪的电源，开始演示一系列幻灯片是搞砸推销的不二方式，也就是人们说的"看到就让人想呕吐"。谁都没有第二次机会去打造第一印象。你只有一次机会让自己变得与众不同，脱颖而出，成为可以增加价值、解决问题的那个人。因此，你如何才能成为客户的合作伙伴而不仅

仅是一名推销人员呢？

答案就是"一支笔的力量"。这种力量是指任何一个销售人员都能以完全的自信和对材料的十足把握，站在 C 级采购者面前，展开一次视觉感受丰富、互动频繁的演讲。

"一支笔的力量"不是我们创造的词。事实上，这个说法已存在几个世纪了。它来自于一个古老的谚语——"笔比剑更强大"。根据维基百科的解释，这一说法是由英国作家爱德华·布尔沃—利顿（Edward Bulwer—Lytton）于 1839 年在他的戏剧《黎塞留》（*Richelieu Or the Conspiracy*）中创造出来的。戏剧的主角是红衣主教黎塞留，他在第二幕第二场中的著名台词使得这句谚语广为流传：

是的，这！

在人类伟大的统治之下，

笔比剑更强大。

看呀！那魔法师的魔法棒！

本身什么也不是，

却从主人手中得到了魔法，

便使恺撒大帝失威，

将纷繁复杂的世界冲击到不能呼吸！

拿走剑！

没有它，国家将得以拯救！

让我们以销售为背景，重新诠释一下上述台词，写一个现代版本：

如果你处在销售经理的位置，

马克笔总是比幻灯片更强大。

让我们面对他——一个出色的白板演示者，

他的马克笔本身什么也不是，

但如果你是一个强大的视觉内容表述者，

你将和采购者建立起真正的联系，并且赢得交易。

你将着手向更大的订单冲击！

远离你的幻灯机！

没有它，你将赢得大量的订单！

注：插图描绘的是红衣主教黎塞留想要拿起一把剑，但没有成功。来源：H·A·奥格登（H·A·Ogden）。1892 年。选自《爱德华·布尔沃—利顿作品集》（*The Works of Edward Bulwer—Lytton*）

"我不需要剑——我已经有白板了"

销售高价值产品或服务的销售人员以及销售工程师已经用白板演示了几十年。我们提倡的是应用白板演示的结构、进程以及构成，使你手中的笔不仅仅成为猎枪，更是破坏性极强、激光制造的强大武器，将沉迷于幻灯片的竞争对手封杀于尘土中。

在业务开展几年之后，我们和这样一家公司合作过。这家公司的白板文化氛围非常浓厚，每个人都用白板演示，幻灯片只要一出现就会遭到众人的反对。在白板培训结束的几个星期之后，我们的客户——销售工程副总裁给我们发来了邮件：

在我们发现你们公司之前，【名字】是白板演示的典范。我拍了一些白板演示的照片。我有种直觉，相信有一天这些会对我们大有帮助。当他结束此次白板演示练习时，那看上去像一幅抽象的表现主义绘画。他在演示的时候，我总是跟着他的思路，但是当他结束演示的时候，我完全不知道白板上演示内容的意义。幸运的是，他心胸宽广，可以接受人们的批评。现在，他和他的团队正在为我们合作伙伴的系统工程师提供正确的白板培训。所以我们一传达给他们信息，他们就能快速地将这些信息消化掉。

只是把马克笔拿到白板面前是远远不够的。即便销售人员以及其他外勤人员都热衷于使用白板，但他们在至关重要的白板故事设计以及传达最佳实践方式上可能仍然有所欠缺。

"我不需要幻灯片，也不需要白板"

一些最成功、经验最丰富的销售专家同样不会是幻灯片的忠实粉丝，也没有使用白板的倾向。这些销售专家会在高管们的办公室里坐下，然后开始和他们谈论孩子、家庭以及共同兴趣爱好，并在不知不觉中将话题引至商业挑战、机遇并达成下一步的共识。

但最终，即便是高级采购者也会想知道"重点是什么"——他们想知道在他们所处的环境中，你所能给予的满足他们特殊的商业需求以及应对现有挑战的解决方案是什么。这时，没有比一支笔和一个绘图平面所带来的销售价值更有效的了。

在白板演示培训之后，这些战略型销售人员一致反馈道："我从来不曾想过，我会想要做白板演示，更别提付诸实施了。"

变得与众不同，照亮你通往订单的路

在拔下笔盖，让马克笔的笔墨味冲击鼻子之前，笔的力量就已经在发挥作用了。想象一下这样的情境：你仅仅带着这两件东西出门进行推销——一套带着橡皮圈的全新马克笔（红色、绿色、黑色、蓝色）以及一部智能手机，没有公文包，没有电脑包，没有日程计划，没有笔记本，什么也没有。为什么？因为带上马克笔和智能手机，一切所需要的东西就都齐全了。如今，几乎每一个会议室和办公室里都有白板。白板和马克笔使你能够与客户开展互动性的讨论，记下客户的当前情形、面对的挑战和问题以及下一步计划。在推销过后，手机的摄像功能让你能捕捉整个讨论过程，以便今后使用（我们会在第27章中讨论更多这方面的内容）。你不需要带任何其他东西。

让我们继续设想这一情境：在会议室坐下后，你要做的第一件事就是把笔和电话放在桌面上显眼的位置。这么做就是为了给自己加分。你的客户很可能立即注意到你的不同之处。

当我们参加会议谈论白板式销售的技术时，客户们会轻声笑着说道："我知道——不就是笔嘛。"我们会回答："对！今天，我们之所以来这里，就是要向你们展示，我们是如何让你们整个销售团队的成员用你们自己的故事做我们将要做的事。"他们点了点头表示明白了。

无论你是第一个还是最后一个与潜在客户开会的销售人员，当你的竞争对手抓耳挠腮地应对笔记本电脑、投影仪、遥控器以及不能下降的投影屏幕等问题时，白板演示都能让你笑对这些"幻灯片诡计"。

当你带着笔和智能手机走进来向客户传达信息时，你将真正和他们进行交流沟通，并展开互动性的对话。他们会知道，你对自己的能力非常有信心。

CHAPTER 5

白板式销售背后的科学

拿起笔，而不是笔记本电脑

你一定想让客户聚精会神地听你的阐述。开会的时候，你见过客户拿起一支马克笔，在白板上写写画画吗？你可能见过这种情况，但你见过客户拿起你的笔记本，帮你添加或者播放幻灯片吗？肯定不常见！

维莱亚努尔·拉马钱德兰（V.S.Ramachandran）进行了一次有关镜像神经元（mirror neurons）的 TED 演讲。镜像神经元是大脑中的特殊神经元，它会让我们模仿看到的事物。如果你在白板上写字，很有可能你的客户也会拿起一支笔开始记笔记。如果他们这么做的话，那么比起你演示幻灯片文档而客户只是聆听来说，你和他们的沟通就会变得多的多。

马克笔能互动，幻灯片则不能。你想让客户参与对话，那就抛弃幻灯片，去生动描绘你的解决方案，这样更加有效。当你的潜在客户拿起笔说"我们今天是这样做的"时，在产品和解决方案如何满足特定的商业需求方面，你就已经和客户达成了一致，而这是你的竞争对手无法做到的。

保持注意力

不列颠哥伦比亚大学脑科研究中心的副教授卡丽娜·克里斯托弗（Kalina Christoff）开展了一项研究，研究显示每个人的大脑在三分之一的时间里都处于漫游状态。而白板演示的时候，你的客户心不在焉的可能性较小。就像克里斯托弗说的，大脑会变得"严阵以待"。

当你在白板上画图的时候，你的身体处于运动状态。人类大脑天生就会对运动的事物感兴趣。每次你在白板上画图的时候，即便客户的大脑开始漫游，你也能把他们的注意力拉回到白板上。幻灯片相对而言则更加静止——动的部分不是很多。当潜在客户在观看幻灯片演示时，他们的大脑更容易处于漫游状态。

除了大脑漫游之外，人们在听和读方面也存在着困难。据演讲专家苏珊·魏因申克（Susan Weinschenk）所说，当人们一边听你演讲，一边还要阅读密密麻麻的文字或者看复杂难懂的图表时，他们的各种感觉通道就会相互抵触。

当你在白板上书写时，你所涂画的内容就会对你的演讲起到增强的效果，这两个通道是相互支持的。另外，因为你可以随时停止涂写，所以你可以控制人们观看（视觉通道）和聆听（听觉通道）的时机。

将信息分成小块逐一传递

当把信息分为一口大小的小块时，人们才能更好地对其进行处理。关于这一点，心理学家所用的术语是逐步解密（progressive disclosure）。

因为你在涂画，所以你会无意识地将信息分成小块，这和幻灯片恰恰相反。而在使用幻灯片时，你按下一个按钮，一张带有密密麻麻文字或者复杂难懂图片的幻灯片就会出现。

故事的力量

当信息以故事形式出现时，人们就能对其进行最好的处理。辛格（Singer）等人的研究以及《纽约时报》中的一篇报道都显示，当人们在听或读故事时，他们的脑袋是活跃的，这时他们是在再现故事情境。举个例子，如果你在讲故事，而故事中的一个角色正在跑步，那么你就会在大脑的运动皮层中展现这一活动，好像你也在跑步一样。

当你使用白板演示时，你就会倾向于用故事的形式而不仅仅是数字的形式呈现。你无法像读幻灯片一样照读信息，相反，你必须用自己的语言组织白板上的信息。这样一来，你所传递的内容就会变得更加有趣，更像一则故事，它会帮助你的听众更加深入地处理信息。

CHAPTER 6

旧定律，新诠释

自从使用了白板式销售这一方法后，我的客户获得了一种前所未有的视觉体验。他们的反应非常强烈："我完全明白了你想要传达的内容。"这些内容以前都是一连串幻灯片。白板让我得以用一种完全不同的方式架构内容，使之成为一个连贯的故事。客户可以参与进来，他们不需要在设备上浪费时间。他们总是说："让我把白板拍下来吧。"我从来没有听客户说过："我想给那张幻灯片拍张照。"

大型软件公司技术专员

将"一支笔的力量"作为战斗口号之后，让我们来看看销售的新方式，并通过视觉形式做到以下 5 个方面。

1. 通过确认客户的现状，获得出现在客户面前的权力。

2. 在介绍你能提供什么之前，通过在白板上诊断问题，促进互动，向你的客户展示你是怎样倾听他们的问题的。

3. 以自信、可靠、持续的状态在白板（或者任何一个书写表面）上传达产品和解决方案独特、与众不同的价值主张，证明你的能力与学识，把自己定位成值得信赖的顾问。

4. 在任何情况下都能流利地表达，并且能引导对话向当前需要的方向发展。

5. 结束演示时，要创造进一步沟通机会，讨论接下来的步骤。

你可能在想："这些一点儿也不新鲜，在很多销售培训和方法论学习中，我不止一次碰到过了，聆听、诊断、提问、咨询、改变——我之前早就听说过了。"

从一定程度上来说，你是对的。这五大销售定律，就它们本身而言，绝对不是开创性的。但是，一旦加上几支笔、一个书写板，那么它们就会产生新的意义，提供新的机遇。换句话说，白板定律不会取代销售准则，也不会与之相冲突。前者只是为后者添加了兴奋剂而已。

让我们仔细看看这五大定律是如何在视觉销售世界中一展身手的。

获得权力，你就获得了业务

当和客户开始合作时，我们要做的第一件事，就是请求翻看一下他们现有的销售演示文档。接下来，我们会采访其中的一些销售人员，了解他们是如何使用这些幻灯片的。通常的情况是，对于不同的演示场合，销售人员不会对幻灯片做过多的改变。他们只是在第一张幻灯片上修改日期、名字，当然有时也会根据客户对产品的具体兴趣添加、删除或者重新整理幻灯片。为什么他们不多做一些定制化的改变呢？难道这些销售人员都天性懒惰吗？有些人可能确实如此，但是天性懒惰不是阻止他们将幻灯片进一步定制化的主要原因。

烹饪前先了解调味品

我们可能已经够懒惰了，但幻灯片却非常擅长让我们变得更加懒惰。幻灯片之于演示就像微波炉之于烹饪一样，在按下"开始"键就能完成烹饪的情况下，为什么要自寻烦恼弄乱厨房来学习烹饪呢？我有成为一名优秀厨师的天赋吗？可能有。但我为什么要自寻烦恼呢？如果我是一名销售人员，那么我的"碗里"有相当多的其他事情要忙——销售预测、销售工具更新、现有客户问题，等等。那么，拿出一份微波炉菜单就再简单不过了。

用白板或者其他视觉图画演示的销售人员就没有这么享受了。他们需要了解"调味品"——潜在客户的业务及其行业主要走势。在开始烹饪之前，需要做些额外的功课，不过因此得到的收益会远远大于额外的努力。如果你通过在白板上搭建并演示你已经知道的（或者觉得你知道的）有关潜在客户现状、业务目标、初衷以及相关市场走向的信息，并且以这些信息作为白板讨论的前奏时，你的信用度就会大大提升。你就能马上获得继续与客户对话的权力。

在后面的章节中，你将学到白板讨论的可行架构和内容发展，以及如何对白板进行进一步推进。最佳的白板演示者在每次推销之前，都会利用公司标准的白板脚本构建出针对客户的具体模板。在准备白板演示的开场步骤时，他们会在纸或木板上草拟潜在客户的现状。在动身前往会议室前，他们会对开场白进行三到四次排练。向客户展示你对他们业务以及现状的了解是一回事，能依靠记忆在白板上写出所有信息又完全是另外一回事了。

把它带回家

- 用白板证明你对潜在客户现状和业务目标的掌握情况。
- 在视觉上证明你对行业走向有充分的了解，从而提高了你的可信度。
- 准备练习页，排练每张白板演示的定制化开场步骤。

白板是你聆听客户的耳朵

没有一个销售准则不是走走过场，诸如"向你的客户证明你知道如何聆听，这样你就能明白是什么让他们夜不能寐，知晓他们痛苦的原因，然后进一步抓住机遇。"看起来那么简单。

既然你使用白板分享了已经知道的信息，也证明了你是否正确，那么你的处境就会变得相当有优势。你可以询问更多问题，聆听客户的心声并获得更多资格，在讨论过程中得到更多的发现。

使用白板进行互动，比起坐在客户对面，一边问问题，一边一页又一页地做笔记，更加有效。客户怎么知道你到底在记录什么？这就会让你和客户之间失去联系。将白板作为聆听工具，就需要你对所捕捉到的信息进行筛选，关注最突出的问题，而不是将客户所说的每一个词都记录下来。

另外，当你站在一间光线充足的房间里，将客户反馈的信息记录在白板上时，你就拉近了与客户间的距离。站和写这两个动作有着微妙但又强大的心理影响。如果客户看到你把听到的都记了下来，这就意味着你肯定了他们的反馈和担忧。更不用说，你的整个身体都在动。但如果你只是坐在会议桌对面记着大量笔记，或者更糟糕的是在演示幻灯片，那么潜在客户就无法以同样的方式进行"检验"。

把它带回家

- 使用白板进行诊断，增强互动性。
- 在白板上捕捉客户反馈的信息时，要有选择性。
- 通过身体运动和手势证明你在聆听。

成为主题的专家

对于那个主题，他的知识只有幻灯片的深度。

美国某军队无名少校

在你考虑站在现有客户或潜在客户面前开始白板演示之前，你必须反复练习直到你调整好状态。另外，你对自己提出的解决方案和服务必须完全的掌握。在没有幻灯片的情况下，你再也找不到任何借口说不了解你的产品和解决方案。从来就不可能有某种神奇的力量突然出现并控制了你的笔，使你在白板上涂写出一些脑海中不存在的信息。

充分了解你的产品或方案能向客户证明你不仅仅是该领域的专家，更是一个值得信赖的合作伙伴，而不是一个只会叫卖的人。当你成为一个值得信赖的合作伙伴时，你就

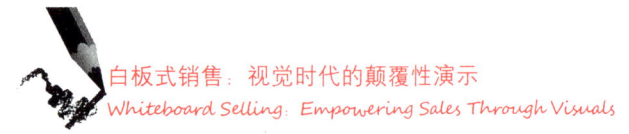

缩短了销售周期，避免了冗长的产品对比和反复的验证。

昨天，我们在一家跨国轮胎公司完成了一项新商标交易。原计划这笔交易的销售周期从十二月上旬开始，当时，客户就要求我们给出提案和随附的清单。于是，我们开展了一场关键的演示，我们在现有的销售资料的基础上进行了白板演示，并以客户的年度报告作为开场，还在其中穿插了当地客户的故事。最后，首席信息官给白板上的图表拍了照，并作为参考，而且他们避开了原先设计的概念验证。我们不仅打败了竞争对手，而且这项交易在两个星期内就完成了。不是说所有交易都这么简单，但这的确是一个精彩的例子！干得漂亮！

某公司区域副总裁

充足的知识储备不仅能缩短销售周期，也是使我们区别于竞争对手的关键因素，尤其在销售过程的早期阶段还能帮你较少地依赖技术或售前资源。售前团队通常想以正确的方式充分发挥作用并渴望获得参与高价值销售的机会。如果你能在不用幻灯片而是运用白板的情况下进行初步的推销，那么在安排会议的时候，你就能更加灵活变通。这样就能压缩销售周期。

在销售的早期阶段，当销售人员以严谨的结构进行白板演示后，会出现以下几个方面的变化：

- 销售人员通过公开的信息，详细搜索了潜在客户的业务；
- 故事中融入了对当地个案的研究和借鉴；
- 首席信息官对白板内容拍了照，白板就此被留存了下来；
- 销售人员成功地将自己和竞争对手区分开来；
- 销售周期大大缩短。

在这本书的后面章节中，我们会仔细介绍销售人员该如何运用我们提倡的白板，采取最佳方法，对销售结果产生戏剧性影响。

把它带回家

- 建立白板的可信度，你就会省去讨价还价或者概念验证的时间。
- 通过在推销最初阶段的自给自足，减少对售前和行业专家的依赖。
- 缩短销售周期。

灵活变通，顺其自然

> 在内容和结构方面我很不在行，但是在编写对话上我并不差。
>
> 史蒂夫·巴斯米（Steve Buscemi）

销售环境下的"情境流畅"（situational fluency）这个词对很多人来说有着不同意义。从策略和销售解决方案这一层面来说，它可能意味着销售人员应该知道是什么让客户有所响应，为什么他们需要销售人员为其提供解决方案，什么样的解决方案能够适用于客户的现状，是否需要马上帮客户解决问题，而不是要让客户等上六个月或一年。情境流畅还意味着你能在销售过程中为接下来的步骤设定日程。

在具体情境中，比如你正在向你的客户进行演示，此时情境流畅就有着完全不同的意义。你必须从你的角度进行思考，为你的潜在客户把脉，并根据你所得到的信息和这些信息的来源随时调整方向。这意味着你可能会往前一步，后退一步或跳过某一环节，或者知道何时停止对话，进入下一个环节。

如果我们把"情境流畅"定义为当客户在讨论中占主导时，销售人员做出实时调整的能力，那么幻灯片演示就不败而退了。你是不可能在运用幻灯片的情况下实现情境流畅，即便你有一个小时可以提前准备。而且这时，"我会在五张幻灯片后再涉及那一点"的想法又开始作怪了。相反，白板和情境流畅则是天作之合，因为你可以跳到内容的任何部分，省略不适用的元素，添加适用的元素。当你想做到情境流畅时，你可以根据对话的轨迹添加相关的客户故事、验证要点以及参考内容。

这时白板的物理特性也能起到加强情境流畅的作用。不仅潜在客户可以注意到你的肢体语言，你也可以注意到他们的肢体语言。不像使用幻灯片时需要关灯，你可以把所有的灯都打开。在展示故事的过程中，你可以和客户有良好的眼神交流，判断他们的肢体语言和参与程度，然后根据潜在客户的反应围绕或者定位一个又一个不同的话题展开充分的互动。

把它带回家

- 在战略层面和当下层面都要保持情境流畅。
- 当你在白板上书写时，能及时读懂潜在客户的肢体语言。
- 准备好围绕并控制白板的结构和流程。

在讨论完接下来的步骤时，才能将笔帽盖上。

成功的销售人员只有在说完接下来的步骤时才会结束会议，这些步骤包括：其他利益相关者举行的会议；深度的产品评定；估价以及展示。由于白板为你赢得了可靠顾问的形象，你完全有可能省略这些步骤。但是，根据具体的销售情境，你可能会有一些后续步骤要跟进，而白板则是建立这些后续步骤并且达成一致最有效的方式。

你可以在白板上写下后续步骤供所有人观看，而不仅仅记在笔记本或者备忘录上。你在白板上记录这些后续步骤，而你的潜在客户可能在你书写时，点头表示认可，这时，你已经对他们产生了影响。之后，他们会觉得有义务去兑现他们的认可。

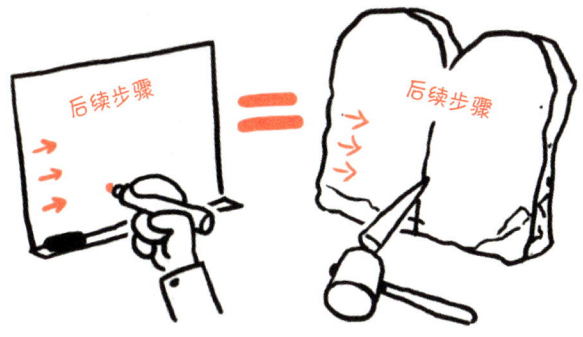

对于如何询问后续步骤，每一条销售准则都有各自的说法或者惯例。其中，我们认为最为有效的一种方法是：

"如果您认同白板上的内容，那么我想后续步骤可以这样做，我可以将它们写在白板上吗？"

在接下来的几个章节中，我们将证明各种白板讨论架构和内容是如何支撑情境流畅，为你建立起可靠顾问这一形象，并帮助你缩短销售周期的。

PART3

白板式销售到底是什么？

CHAPTER 7

销售过程中使用白板的最佳时机

这本书中所讨论到的白板种类，你可能不会全部用到。你能用到多少种白板、用哪一个白板，这些都取决于你当时所处的特殊的销售情境或者你所使用的销售流程。虽然我们强烈建议使用白板，摒弃幻灯片，但在不同的情况下，在不同的销售流程的时间点中，幻灯片和白板都扮演着不可或缺的作用。

我们将在第 8 章中仔细探讨白板种类，但是在销售流程的伊始，你会用到"发现和甄别机会"白板（Qualification and Discovery Whiteboard）。到了后期，你将用到"成交"白板（Closing Whiteboard）。并且根据情况的不同，你还可以运用"为何改变"白板（Why Change）、"解决方案"白板（Solution）、"竞争"白板（Competitive）以及"商业案例"白板（Business Case Whiteboard）。

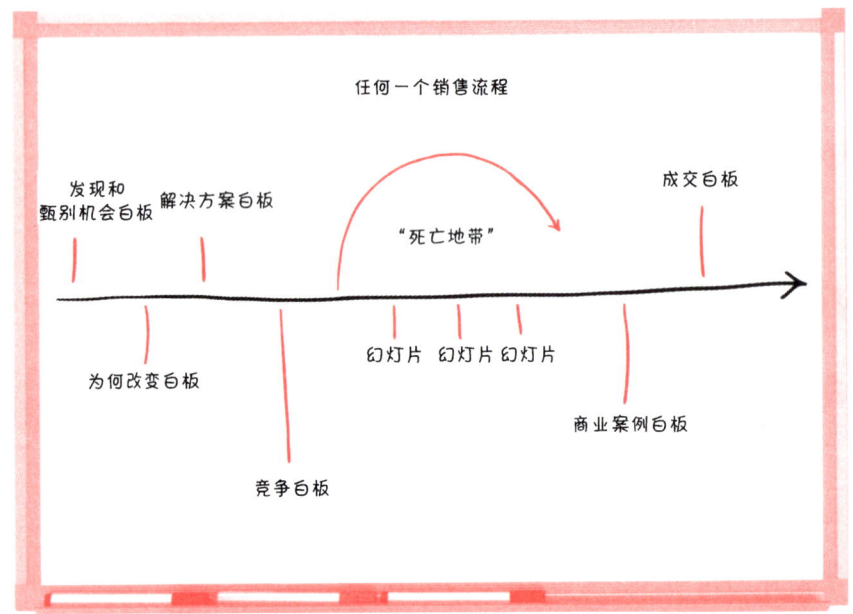

上面这张图表说明了在一般的销售流程中何时使用何种白板。我们希望"死亡地带"在销售流程中能全部被踢除，它包括深度的产品评估、概念验证和对比阶段。主要原因是，幻灯片在演绎产品特征和功能、复杂图表、架构以及工作流程方面非常有效，而白板则不适用于这些方面。

因此，你的目标是尽早在销售流程中使用白板，这会让你成为思想领袖和可靠顾问。而这又会进一步缩短销售周期，去除多余步骤，并且避免用到办公室里的投影仪。

销售流程的不可知论

大多数企业都有各自特定的销售流程。你该如何使用白板，并使之与你公司的销售流程相吻合？我们之前就提到过，白板演示在销售流程中既有不可知性，又能与其他工具完美结合。我们来看一下以下的例子。

根据维基百科，很多销售流程都是通用的，并且在销售准则中非常具有代表性，即使各公司的销售流程不尽相同。下面，我们将为你展示在一个典型的销售流程中，你该何时使用不同类型的白板。注意虽然这两个例子的架构非常相似，但在如何使用以及何时使用何种白板方面具有很大的灵活性。

销售流程例 1

1. 初次接触。
2. 最初符合标准的运用。
3. 销售机遇。
4. 需求确认（"发现和甄别机会"白板以及"为何改变"白板）。
5. 合格的潜在客户。
6. 提议（"解决方案"白板以及"商业案例"白板）。
7. 洽谈（"商业案例"白板）。
8. 结束（"商业案例"白板或者"成交"白板）。
9. 交易。

销售流程例 2

1. 探测／初次接触（"发现和甄别机会"白板）。
2. 前期调查；计划销售。
3. 方法。
4. 需求评估（"发现和甄别机会"白板以及"为何改变"白板）。
5. 演示（"解决方案"白板以及"商业案例"白板）。

6. 处理反对意见（"竞争"白板）。

7. 获得承认（"商业案例"白板以及"成交"白板）。

8. 跟进。

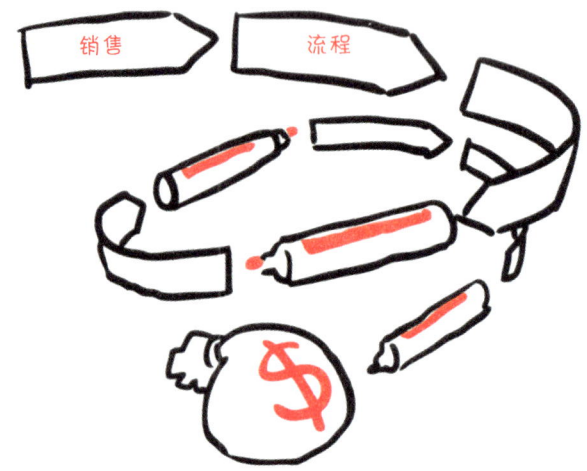

你会发现，不管销售流程是什么样的，各种白板都可以得到应用，甚至一种白板会出现在多个阶段上。另一个情境流畅的例子就是要根据独特的销售情境和顾客购买周期，来确定在销售流程的不同部分中，哪一个白板才是最有效的。

白板实现午餐交流会

对于那些守旧的专业销售人员来说，午餐交流会是一个经过证明的方式，能引起更多目标客户关注的方式。你可以用白板取代幻灯片，在更多观众面前获得我们讨论过的所有效益。

最近，我们和一位提供销售远程呈现（telepresence）与视频会议方案的客户进行了合作。这种技术使得在不同区域的人们能够相互交流，就好像他们同处于一个销售会议室一样。我们听到了其中一个案例：一位在旧金山的销售人员邀请了 10 到 12 位在纽约的目标客户进行了一次虚拟的午餐交流会。这位销售人员为所有人订购了比萨饼，并组织了这次远程会议。纽约的参与者围坐在会议室里，通过远程呈现技术参加此次会议，而这位销售人员则站在旧金山的白板前，演示整个故事。这一切都以高清晰度的视频传递给了纽约的客户。

在接下来的章节中，我们将提供真实案例，深度解析白板的各种类型，并通过一些指导活动让你有机会创建自己的白板类型。

CHAPTER 8

视觉销售中的白板类型

如果你坐在小型货车里，用你的笔记本电脑给坐在后排座椅上的孩子播放动画片，那么当你一边开车，一边聆听的时候，让你感到快乐的是这个动画片吗？不，是故事本身。这就是我们认为故事如此重要的原因。再出色的画面也挽救不了一个糟糕的故事。

约翰·拉赛特（John Lasseter）

到目前为止，本书已经展现了真实销售人员的故事以及他们运用幻灯片和白板的经历。白板的部分力量来自故事。很多书籍都强调了故事讲解的重要性。运用故事，尤其是视觉故事，能营造一个共同的愿景，并以更快的速度完成更多、更大的交易。用白板讲故事只是其中的一个方面。一个有效的销售白板不仅能传达一个故事，它还是一个讨论框架，能支持双向的信息传递。在演示过程中，这一讨论框架一步一步得到填充，但当讨论改变方向时又能虑及情境流畅。它留有捕捉会议目标、反馈和后续步骤的预定区域。这个讨论框架在推进讨论向前发展，营造共同愿景，缩短销售周期方面非常关键。

在这一部分中，我们将在高水平层面上讨论关键的白板类型。在后面的部分中，我们将展现白板的基础讨论要点以及相关内容。

白板军刀

我们一共划分了六种不同的白板类型，这些白板可以运用到不同的销售情境和不同的销售阶段中，并配合你的销售流程。这六种白板分别是：

1. "发现和甄别机会"白板；

2. "为何改变"白板；

3. "解决方案"白板；

4. "竞争"白板；

5. "商业案例"白板；

6. "成交"白板。

你可能在想："哇，不用幻灯片的话，我还要掌握那么多的白板类型才能有效工作！"但事实上，根据不同的销售情境，你可能不需要用到所有白板，甚至超过一种白板。记住，白板有不同的形式和风格，不管你用到哪一种白板，都必须考虑到下一步具体的行动，以便销售流程向前推进。

"发现和甄别机会"白板

这类白板可以用来评估开场步骤的价值，检验其是否具有成为恰当机会的优势。在判断潜在客户的现有挑战和商业目标，以及确保你的提议能够得到足够多的认可方面，"发现和甄别机会"白板非常有效。

下一个步骤/行动

通过收集有关潜在客户现状的重要信息，"发现和甄别机会"白板给"为何改变"白板或者"解决方案"白板奠定了基础。至少，"发现和甄别机会"白板引发了通过电话会议或者网络会议使其他利益相关者发现更多信息的需求。

"为何改变"白板

很多采购者知道他们需要不断改进业务运营的方式，因此他们会积极探寻解决方案，以达到新的目标、倡议以及计划，使自己变得更加具有竞争力，能持续不断地发展。可以这么说，尽管这些采购者处在市场中，但不幸的是，他们仍属于少数群体。最成功的销售人员所采取的行动会使采购者赚到应得的利润，这是因为销售人员是猎手，而不是农民。农民从市场中的采购者那里接受订单，而猎手则会在潜在客户面前为自己的出售物创造新的需求。即便"发现和甄别机会"白板没有显示成熟的销售机遇，但这不会阻碍猎手的追击。

在这些潜在客户不确定自己是否需要改变现状的情况下，"为何改变"白板能通过提供有序的讨论框架来帮助农民成为猎手，使得这些以不变应万变的采购者明白不作为的风险。

下一个步骤/行动

一旦潜在客户领悟到自身需要做出改变的重要性，那么你就能运用"解决方案"白板详尽地提出你的提议，将销售流程推进到下一个阶段。

"解决方案"白板

"解决方案"白板是销售流程中最常使用的白板类型。根据之前潜在客户的业务挑战和目标与你的解决方案之间所达成的一致性，你找到了一个合适的机遇，或是你运用"为何改变"白板让采购者对你的提议产生了需求。此时，你应该进行更加深入的对话和信息交流，比如讨论满足潜在客户需求的解决方案和服务，以及你帮助其他客户解决问题的成功案例。

"解决方案"白板在开始的时候，通常要先确认在"发现和甄别机会"白板、"为何改变"白板阶段或者其他和客户的初步讨论中所得到的信息。"解决方案"白板是为了回答"重点是什么"这一问题的。接下来，我们要讨论"我们要做些什么，怎么做，以及为什么我们与众不同"的问题了。

在某些情况下，你可以在同一次会议中用到"发现和甄别机会"白板或者"为何改变"白板，之后再用到"解决方案"白板。由于不需要在一次销售会议中用到所有的白板类型，那么"解决方案"白板也可能是你传递给消费者的第一种白板。

在我们的一个白板培训项目中，有一位参与者给我们发了一封邮件，告诉我们她在飞机上和一位潜在客户聊了一会儿，这位乘客询问她的公司能提供些什么。她从椅背上的口袋中拿出晕机袋，开始草草地演示公司的"解决方案"白板。在把这个袋子递给潜在客户，让他带走之前，她甚至已经捕捉到了他所面临的一些特殊挑战。

下一个步骤/行动

因为具体的销售情境和销售流程的种类不同，"解决方案"白板之后的步骤是千差万别的。因此，应该为一个共同的愿景奠定基础，也就是在你的解决方案和潜在客户的目标之间达成独特的一致性。在理想的情况下，可行的下一个步骤是提出一个建议或者要求，从而促成一个购买订单。后续步骤还包括演示"竞争"白板，深度评估以及组织与进一步评估的主要利益相关者的会议等。在很多情况下，实现有效传达的"解决方案"白板将直接使你的解决方案得到供应商的青睐或者带来确定的交易。

"竞争"白板

"解决方案"白板并不是总能达成交易的，潜在客户可能需要进行面对面的直接比较，看看你如何与一个或者一组供应商相竞争。"竞争"白板的目标就是要清晰并权威地证明，在一系列对潜在客户至关重要的标准面前，你的解决方案是多么地出众。技术资源和其

他售前资源经常被囊括在"竞争"白板的演示中。

下一个步骤/行动

演示这种白板的理想结果是对你有利的供应商最终作出了选择，从而避免了任何形式的概念验证或者深度测评。

"商业案例"白板

你是否遇到过这样的情况，客户对你说："是的，我们相信你的解决方案是正确的，但我们还是想看看这个解决方案是如何实施的"，但紧接着他们又补充道，"我要如何支付费用，多久我才能看到投资回报率？""商业案例"白板通过众多案例为这样的问题提供了清晰的答案。"商业案例"白板很宝贵，但不是所有销售流程都需要使用这一白板，而且如果在错误的时间和地点运用"商业案例"白板，也可能会导致销售流程受阻。

下一个步骤/行动

让客户按对你有利的方式选择最终的供应商。

"成交"白板

在销售流程的这一阶段，你的解决方案已经获得了认可，你是客户的首选，而且你已经证实了产品将如何为自己买单。但是在某些情况下，你的"拥护者"或者赞助商正好无法提供最终预算并且无权批准签定该订单，可能还需要公司的高层进一步核实。

"成交"白板是简单的白板，有时是"解决方案"白板和"商业案例"白板的压缩版本，其目的就是敲定交易。正如我们的一位培训者在培训结束几个星期后所说的那样："我的客户非常喜欢白板，并计划以白板作为基础，向为他们的投资委员会讲述整个故事。"

在某些情况下，"成交"白板的演示可能需要销售团队中高管的参与。

下一个步骤/行动

现在，你应该已经精疲力尽了！你期望的结果是供应商的最终选择以及工作或采购订单的签署声明。

在接下来的章节中，我们将对每一种白板类型进行详细的解释以及举例说明。

CHAPTER 9

白板案例的主角

与我们合作的公司把白板看成是极具竞争力的财富，并把它视为公司非常机密的文档，要想得到他们的允许在这本书中与大家分享是相当困难的。于是，我们虚拟了一家公司进行个案研究，在真实世界的情境中验证各种白板类型。个案研究是以一家名叫冷路货运（Cool Road Trucking）的冷罐卡车公司为例。为什么会选择这么一个看似抽象的例子？我们是想说明白板可以运用在任何行业的任何组织机构中，这些机构可以销售任何复杂、昂贵、有巨大商业价值的产品、解决方案以及服务。在研究冷路货运这一案例时，我们可以呈现白板演示的重要组成部分，这些组成部分是白板销售准则的核心要素。我们尽量使这一案例研究贴近现实，但我们也得承认我们不是冷罐卡车专家！

让我们一起来看一下冷路货运的一些重要因素以及这些因素的性能。在这一部分提及的白板模板中，我们将把这些作为示例。

冷路货运公司

冷路货运公司是美国第三大经营温控货运业务的供应商。他们能提供最为先进的冷藏技术设备，以及一个涵盖了产品处理中心和站点的巨大运输网络，以确保最大程度的准时递送和良好的客户满意度。冷路货运公司甚至还提供产品采购，以形成规模经济以及供应商与终端客户之间的平稳过渡。

冷路货运公司为药品、糖类制品、饮食产品、饮料、医疗生物产品，当然还有食品提供冷藏运输。出于研究的真实性，我们为冷路货运公司配备了一个客户，也就是名为富迪新鲜食品（Foody's Fresh Foods）的连锁食品店，负责接受产品的供应。

冷路货运公司的竞争优势

冷路货运公司在很多方面优于竞争对手，比如，公司对其销售团队进行了培训，明确地阐释了公司的销售方案在市场中所具有的独特优势。

全生命周期服务

冷路货运不光是提供大量的冷藏车，它提供的货物收集站点和处理中心形成了最大的网络系统，这是专门为冷藏有效载荷设计的。为了确保一旦发生设备故障或道路事件时，问题能得到快速解决，公司没有将客户服务、跟踪与监控、设备维修或者紧急服务等业务外包给其他公司。冷路货运公司同时还提供终端产品采购服务，取消了中间商，确保产品处理的一致性和快速运送。这一方法为"从原产地到货架"的过程节约了开支。冷路货运与同样提供非冷藏货物、同样线路通过能力甚至船运集装箱的载重汽车运输公司和供应商有所不同。它对冷藏有效载荷以及周边服务的高度专注使得冷路货运公司别具一格。

专门的全程联系人

为了支持这个全生命周期方法，冷路货运为采购、运输、监控等整个流程指定了专门的全程联系人。当任何与交货状态、产品质量或者采购项目有关的问题出现时，客户可以联系指定的专门客户经理。这样做的好处就是：问题解决得更快，客户满意度更高。

四通八达的物流网络

冷路货运提供的温控中心和收集站点形成了巨大的物流网络，在全国 36 个州建立了 118 个中心。这就提供了零担货运（less than truckload）能力，先用小型货车从不同的供应商那里收集小额冷藏货物，然后在中心合并那些货物，转换成满载的半成品。而竞争对手的运输公司只提供整车货运，限制了货运的灵活性，也容易导致更多的延误、更高的损坏率，更别提高额的燃料成本了。

可靠的温控技术

大多数冷藏控制系统是固定在贮存的半成品上的，但是冷路货运公司的温度控制系统则安装在他们的设备上，这就能确保从供应商到目的地整个过程中保持温度控制的卓越性。这些系统是由可靠的温控技术提供支持，能够在不需要驾驶员干预的前提下，根据天气变化适时调整温度。竞争对手的解决方案仅仅提供警报系统，然后要求驾驶员手动调高或者降低温度，这样容易出现温度调整滞后或不准确。

环保冷藏技术

对于追求环保的消费者来说，冷路货运提供的环保冷藏技术（Clean Cool），不仅通过减少冷藏系统对能源的需求来提高效率（实现成本的节约），还减少了危险化学气体以及其他有毒化合物的排放，而这些气体正是竞争对手冷却系统中的典型排放物。冷路货运减排水平以行业平均值为衡量基准，以严格遵守相关法规为基本要求。

冷路货运——行业的领军企业

总的来说，比起市场上其他同类企业，冷路货运提供的是风险更小，经过反复证实的、更加创新的冷藏货运解决方案，因此冷路货运能从竞争中脱颖而出。最近又被《冷路杂志》（*Fridge Road Magazine*）评为一级公司，并被"冷藏道路排行榜"（Ride Cold Rating Top Rick）评为最佳选择，获得了分析专家以及媒体的一致好评。

在接下来的部分中，我们分享的白板模板和示例绝大多数都是以冷路货运公司的例子为研究模型。

富迪新鲜食品公司的现状和面临的挑战

在虚构的销售情境中，富迪新鲜食品公司是冷路货运公司的潜在客户。富迪新鲜食品公司是一家正在茁壮成长的全国食品连锁店，每个月都会在美国开一家新连锁店。富迪新鲜食品公司要和之前的老品牌竞争，并且从它们手中瓜分市场。这些老品牌提供新鲜农产品、肉类、海鲜类等食品的更多组合以及更优质的选择。同时，成本节约策略也正在规划中。若要提高利润和股东收益，所有供应商和经销商都要提供特殊的条款，执行竞争性定价。为了赢得竞争，富迪新鲜食品必须降低生产损坏率，缩短生产地到货架的时间。

接下来，让我们以冷路货运公司为例子，一起看一下各种白板类型在实践中是如何运用的。

CHAPTER 10

白板的架构、流程、内容以及交互点

如果信息以互相关联的方式得到确立，并且贯穿始终，那么内容就能更加容易地被内化，更加容易地被掌握，也更加容易地以个性化方式向前推进。

系统管理软件公司战略主管

当你阅读一本书时，你会依赖书中特定的元素阅读，比如书的目录、文字、以及图片等。目录向你展示大纲，作者通过写作构思、写作的手法以及内容的组织将想要表达的内容与思想清晰地传递给读者，而一本书的版式和封面等视觉设计则有助于读者更好地理解书的内容。

销售用的白板也有着相似的元素。在销售流程中，你所使用的每一块白板都需要一个预先设定的结构，并且根据销售会议的进程，在需要的时候能做到即兴发挥。每一个

白板对话都有着你可遵循的元素，来帮助你与客户进行沟通。

白板对话有哪些元素？其中一个关键的元素就是内容——能传达在售产品、服务特殊价值的文字和图片；另一个元素是和白板每一步相联系的脚本，通过提供谈话记录对图片起到支撑作用。脚本只是用来提供话题的示例，而不是让演示者一字一句地照读。最好的实践情况是销售人员根据每个消费者或潜在顾客的需要利用"情境流畅"这一概念对脚本进行定制化。

就像讲故事或叙述一件事一样，销售白板在内容上也有很多逻辑性的步骤或者转折点，它们起到的作用就像图书中的章节一样，这些步骤和转折点构成了视觉故事的流动性。

最后，每一个销售白板必须包括很多关键的交互点。在这些交互点上，演示者除了涂画和演讲外，还要适当停顿，让现有客户或者潜在客户参与进来。

交互点的种类

交互点一共有以下三种关键类型。

1. **确认（confirmation）**。确认这一交互点能证实你对潜在客户的独特业务处境所掌握的信息。确认能让你简明扼要地重述你已经了解（或者认为自己已了解）的信息，如客户的现实需求、挑战以及短期计划。

2. **开放式问题（open—ended question）**。开放式问题能让客户参与进来。通过询问开放式问题，你能得到相关讨论的反馈信息，学到更多，同时保持讨论的互动性。记住，销售白板是鼓励双向信息沟通的。根据你使用的销售准则或者流程，你可以采用不同的询问模式。前提是，问题必须是开放式的，这样才能保证对话的开展。如果询问的是封闭式的是非题，那么在潜在客户回答了"不"之后，你们之间可能会出现尴尬的停顿。另外，你还要在每一个白板步骤中将问题和讨论的话题结合起来。

3. **重构反对意见（objection reframe）**。在很多销售演示中，客户会提出一系列反对意见和问题，挑战白板演示者。他们要么更加深入地挖掘某一话题以测试演示者，要么重复其他供应商埋下的竞争性地雷。当你在销售白板的每一个步骤中融入重构反对意见这一交互点时，你其实是在引导客户去回答自己提出的问题或远离反对意见。

在第四部分中，我们将仔细讨论白板内容的元素，但是一般而言，各种销售白板应包括以下 12 种具体的元素（排序不分先后）：

1. 书写白板标题；

2. 确立会议目标；

3. 确认客户的现状、业务目标、机遇以及短期计划；

4. 分享相关的市场走向以及典型的消费者挑战，捕捉客户反馈；

5. 分享公司现状、数据以及其他相关的资料；

6. 提及第三方（专业分析师、出版物、媒体以及其他中立评论员）对你公司或者解决方案的认可；

7. 描述解决方案、服务、产品或其他出售物的图片、文字以及其他能验证独特的商业价值的视觉元素；

8. 用符号标记竞争优势和关键卖点；

9. 确立"证据要点"——案例研究和借鉴，即成功地得到传递，并且带来可衡量的效益的解决方案和服务；

10. 总结讨论——客户要选择你的理由；

11. 记录下一步行动计划；

12. 记录"停滞区"中未解答的问题以及后续的项目。

关于在白板上如何放置或整理以上元素，没有严格的规定。不是每一块销售白板都必须包括所有或者大多数元素，放置哪些元素主要取决于白板的目标。

在接下来的章节中，你将看到很多有关白板类型的例子，具体学习以上各元素是如何在不同的白板类型中发挥作用的。

白板架构示例

让我们来看一些例子，讨论一下如何在白板或者其他绘图载体上展示这些元素。你将看到在不同的白板类型、目的以及销售情境中，这些元素的位置也会发生改变。

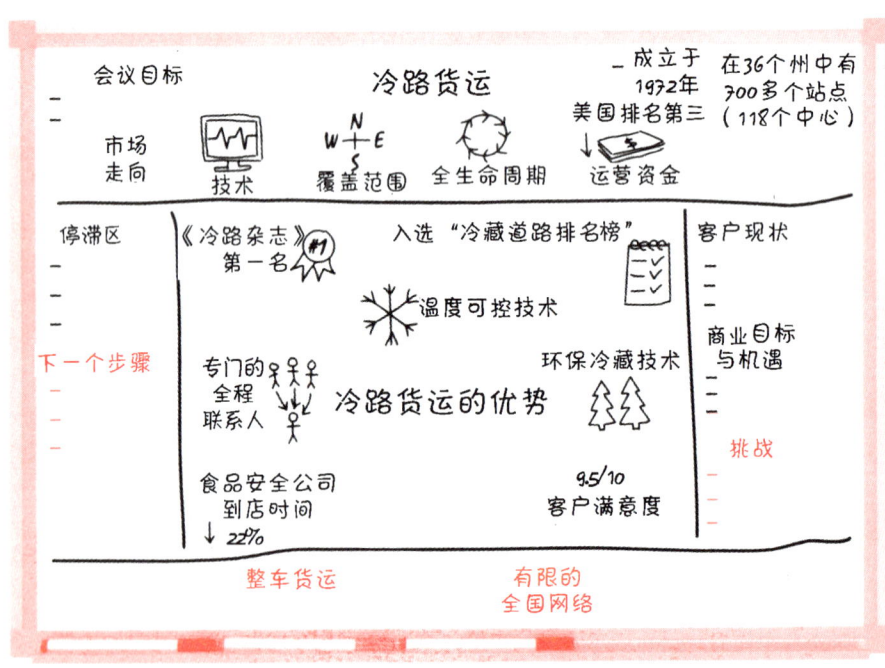

看一下 76 页中白板的中间部分，通过视觉、文字或者图标呈现的方式可以是多样的。你可以选择解决方案元素、第三方验证、被证实的成功案例以及竞争对手弱点等元素，以任意一种对当前销售情境最有利的方式呈现出来。

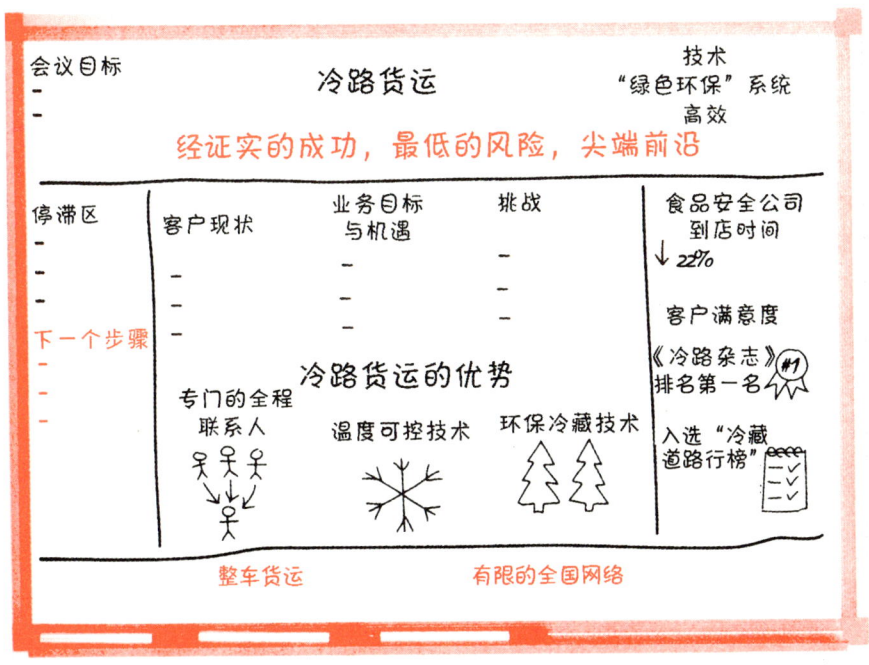

这张白板的中间部分和上一个例子的中间部分的呈现是不同的。

你可能已经注意到，这些例子和我们在第 9 章中提到的白板类型的布局完全不同。我们举这些白板为例，只是为了证明不同的白板元素或内容是可以用不同的方式呈现出来的。

在后面的章节中，我们将讨论一个销售白板应该包含多少内容，以及如何将这些内容分成单独的步骤。

CHAPTER 11

"发现和甄别机会"白板

通过这一方法,我在五个不同的投资领域中发现了机遇。我打算继续使用这一方法,从苏格兰客户群中发现更多的机遇。

> 大型硬件、软件服务公司的客户经理

如果你在一家大型企业工作,那么你是否遇到过售前人员、技术人员或者其他主题专家的抱怨,说他们没有得到很好的利用,或者在销售机遇尚未成熟前就被拉进来投入工作。销售人员经常本末倒置,在确认时机是否成熟之前,他们只会使用幻灯片,然后直接跳到"解决方案"白板。

"发现和甄别机会"白板是为确认是否值得继续为供应商或潜在客户投入时间和精力,完成整个销售周期。这关乎为潜在客户把脉,能看出他们是否是真诚的买家还是只是试探而已。这类白板可以由演示者进行面对面的演示,也可以通过远程白板技术(我们将在第27章详细讨论这一技术)进行演示。即使在同一个销售会议中,这类白板通常先于"解决方案"白板被运用。

让我们来看一下"发现和甄别机会"白板不同的框架。在你看过这些白板之后,花时间想想其他的白板结构，以便它能适应你自己的销售风格，映射出你的销售准则，吻合你提供的解决方案以及服务种类。

"发现和甄别机会"四象限白板

泰德·麦卡锡（Ted McCarthy）是一位专业的销售咨询师，他住在得克萨斯州的奥斯汀市。他是我见过的最有战略眼光的销售咨询师之一。在和客户刚刚开始一项销售进程时，泰德设计并运用了一块"发现和甄别机会"白板（如图 11—1 所示）。据泰德说，他的"发现和甄别机会"四象限白板在他的职业生涯中，为他赚得了"一吨"钱财。不过，这块白板并没有提及他所要销售的产品或解决方案。

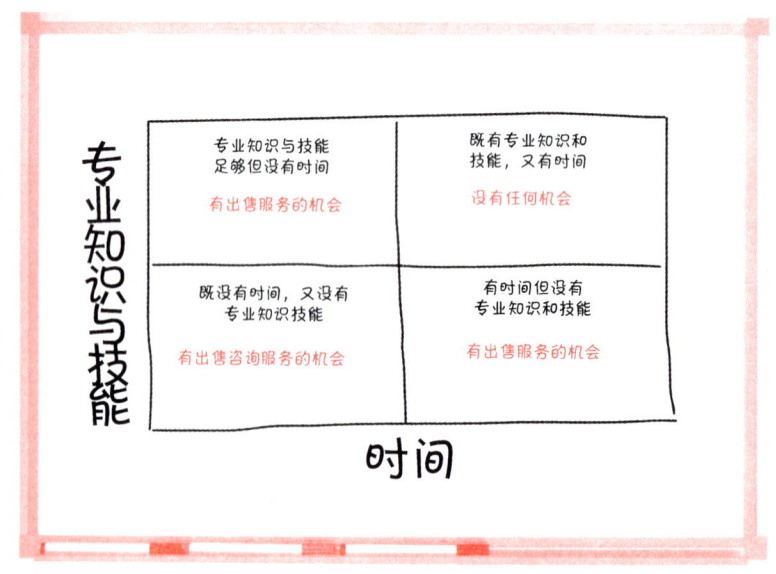

图11—1 "发现和甄别机会"四象限白板

根据泰德的方法，让我们来看一下这类白板具体的实际运用方式。假设，你正在和一家大型合同制造公司的首席信息官开会。首席信息官及其团队获得了一份合同，需要在年底上市发售一款新产品。会议中，你发现首席信息官和她的团队非常了解关于设计、生产产品的业务要求、工具以及技术，并且她们自己就有可能完成所有工作。但由于项目截止日期非常紧迫，首席信息官不确定她是否能在现有资源的帮助下，按时完成工作。在这种情况下，潜在客户就属于图11—1中白板的左上角象限的范畴——"专业知识和技能足够但没有时间"。那么，首席信息官此时需要的是服务。

换一种情况，让我们假设如果这是一种新产品，团队没有太多经验，但是却有充足的时间去完成项目。那么，此时提供咨询服务就更为恰当（如图11—1右下限区域所示）。

其他两个象限的情境也已经不言而喻。

泰德在所有销售周期伊始就运用这一白板，并且达到了四个重要的目标：

1. 使他成为可靠的建议者，而不是将产品和服务硬塞给采购者的人；

2. 关注采购者的需求，根据需求设立特殊的销售情境；

3. 在更加详细的讨论中提供一个启动点，这可能会用到另一块"发现和甄别机会"白板，甚至是"解决方案"白板；

4. 确认时机是否合适，如果不合适是没有机会与客户谈成业务的。

"不要浪费我的时间"白板

在泰德的"发现和甄别机会"白板中，四分之三的象限都预示着有和潜在客户达成业务的机会。另外四分之一部分的象限关注的则是机遇是否存在。这就是我们所说的"不要浪费我的时间"白板。

通常来说，这一白板是内部的诊断工具，用来评估销售趋势或者机遇的质量，可以在电话会议中或者会议之后使用，如图 11—2 所示。

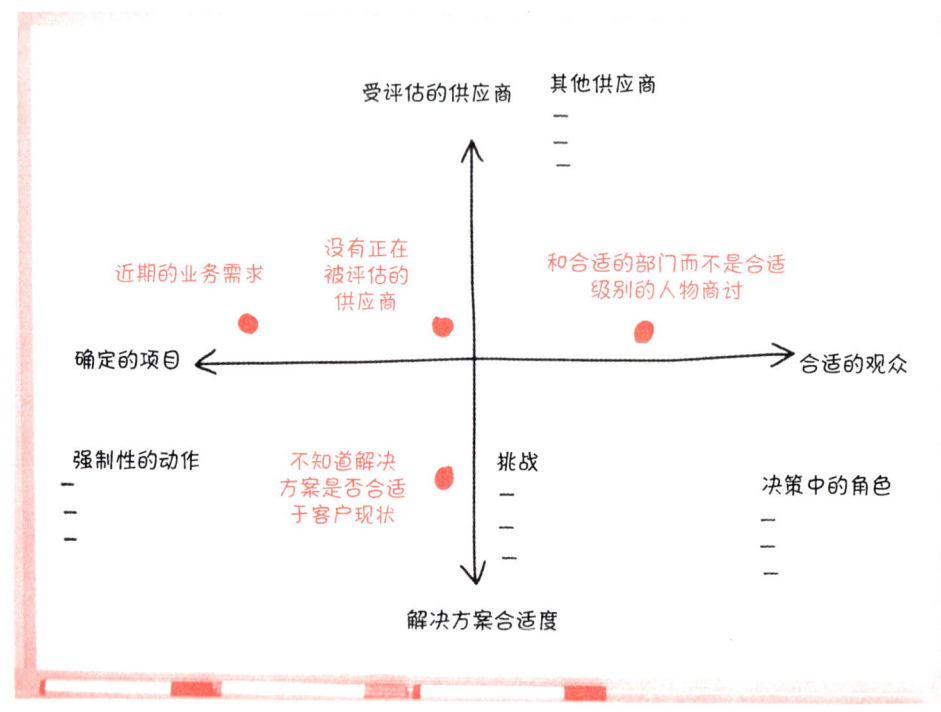

图 11—2 "不要浪费我的时间"白板

我们可以通过以下六个步骤告诉你如何在电话会议中使用这一白板。

1. 说明会议的目标是为了找到更多潜在客户现状的相关信息，看看是否有合适的机会开展业务。

2. 画箭头（不写标注）。

3. 标注出"确定的项目"，询问你的潜在客户一个实际的项目是否已经得到确认或获得赞助，还是他们的兴趣只在信息的收集。在图 11—1 所示的白板中，潜在客户已经道出他们有近期的业务需求以及强制性的动作。

4. 如果项目存在，找出是否有已经评估过的或计划评估的供应商。了解潜在客户是否正在评估具体的供应商能帮助你确认这是否是一个值得你花费时间的好机遇。在上述例子中，如果没有供应商正在接受评估。你可以有两种理解方式：一种是项目本身没有重要的价值，你不需要投入大量精力；另一种是，以积极的眼光，认为自己是第一个正在接受评估的供应商，将其看成一次机遇，促成客户对解决方案的需求。至少，你有机会去影响决策。紧随而来的问题可能是"你计划评估其他供应商吗？如果是的话，你打算什么时候评估？评估哪一家？"如果有其他供应商正在接受评估，而你的竞争对手又是其中之一，那么可以非常肯定，这是一次值得争取的机遇。

5. 接下来的问题是"有合适的解决方案吗？"是时候打破通常的甄别机会的问题列表，去挑战你的解决方案了。如果这些方案能和你的潜在客户产生共鸣，并且白板上的其他维度也会显示积极的信号，那么这就是一个很好的迹象。在上面的例子中，你需要寻找更多的信息以确定机会是否合适。（参考接下来的"我们是合适人选吗"白板）。

6. 你是否找到合适的决策人？在前面的三大维度中，你记录的结果可能非常棒，但到最后却发现和你讨论的对象并不是公司中关键的决策人。在这种情况下，与你谈话的对象确实属于可以做决策的部门，但是这个人缺少足够的影响力或者预算权力，无法做出购买决定。

根据具体的销售准则，你可以在白板上替代任何一个标注、维度或者概念。你可以按不同的顺序使用这一模板，用你认为和你的销售方法、销售风格最匹配的维度去发现机会，并去深入理解你所得到的反馈。

"我们是合适人选吗"白板

你可以一次同时运用几个"发现和甄别机会"白板。假如从"不要浪费我的时间"白板上，你得到了不错的反馈，那么很显然，双方都能在接下来的对话中获益。此时，你可以使用"我们是合适人选吗"白板去做更深层次的探讨，评估潜在客户的现状和目标是否与你的能力相吻合。尽管客户的关注点是你的核心竞争力，即使你的产品可能不能与客户的需求相吻合，但你去尽力满足客户特定目标的空间还是存在的。

接下来的例子展示了你将如何在潜在客户面前使用这个白板，以判断你是否是对方要找的合适人选。我们将以冷路货运为例，如图11—3所示。我们将通过用0到10的评分方式，来帮助你识别在哪些方面你能够确信自己已跨越了核心准则或现状，并随着时间的推移，将在哪些方面能够实现自己的目标或真正地付诸实践。另外通过这种方式，你还可以在潜意识的强大影响下，完善自我，最终成为合适的人选。在白板演示的最后阶段，如果你的演示非常符合潜在客户的要求，那么他们就很难否认你是那个能帮助他们达成目标最合适的人选。

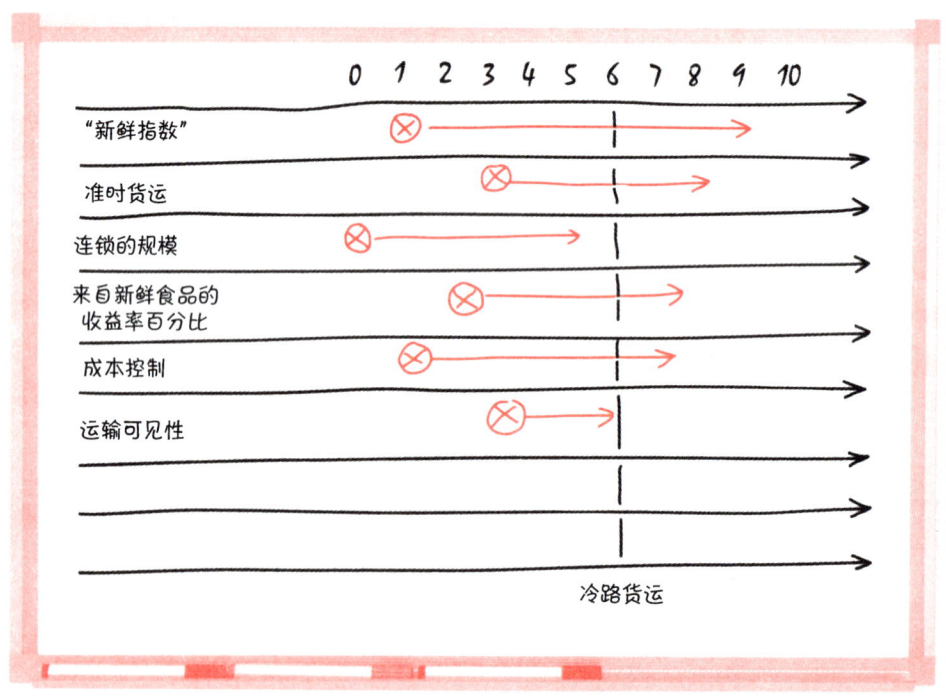

图11—3 "我们是合适人选吗"白板

这种白板使用起来非常简单。对于潜在客户而言，无论是面对面交谈还是通过电脑或数字设备（digital paper）举行网络会议，这种白板都很有效。你可以遵循以下六个步骤完成白板。

1. 在白板顶部从左往右从 0 到 10 编号。

2. 画出各种以你的解决方案或者服务为支撑的核心竞争力，就像图片中展示的那样，每个核心竞争力之间都有水平向右的箭头连接。这些竞争力项目也能在无形中成为合适度的标准，比如"连锁规模"或者"来自新鲜食品的收益率百分比"。

3. 在白板底部留有几行空白，以便填写针对每一个潜在客户具体的合适度标准。情境流畅在这时能将你解决方案的能力映射到潜在客户独特的业务需求中，而这一点你可能还没注意到。

练习：为现有客户设计一块"我们是适合人选吗"白板

备注

4. 和你的潜在客户进行互动，让他们对与现状相关联的每一个核心竞争力或者符合他们要求的标准设定一个值，确保在询问他们期望达到什么样的数值之前，你就能了解每一个现状的数值情况。

5. 接下来，让他们给想要争取的目标或者期待达成的目标设定一个值，然后在现状值和他们设定的值之间画一个箭头。

6. 最后，从刻度6处由上往下画一条垂直的虚线，你的解决方案和服务至少要让你的潜在客户在每一项标准上高于平均值。任何只想要平均值的潜在客户是不会接受你提供的改善方案的，或者说你还没有说服他们做出改变。如果你发现自己处于这种情况，那就到使用你已经准备就绪的"为何改变"白板的时候了，我们将在下一章中讨论这一白板。

在以上图表中，我们可以对冷路货运存在的机遇进行更深层的探讨：潜在客户正面临着新鲜食品高度毁损的问题，他们想要缩短送货时间；他们是一家蒸蒸日上的连锁店，尽管现在增长的幅度很小；他们期待从新鲜食品中获得更多的利润，已计划加强对成本控制；同时，他们还看到运输可见性上也存在提高的空间。尽管只有"新鲜指数"和"准时货运"这两项的目标值高于7，但这两项恰恰是冷路货运获得机遇最重要的指标。

假如你得到了非常积极的响应，那么这个白板就能提高潜在客户的购买几率，使得销售流程继续向前推进。这个白板也是一种很棒的工具，它能够通过关注拥有最高响应的机遇，帮助你赢得销售的先机。

不管你选择哪种"发现和甄别机会"白板，甚至是你本人创建的白板，也需要记住在确认一个真正的机遇之前，你的目标不是要分享产品和解决方案的细节。虽然我们都热爱自己销售的产品和解决方案。但延后这些细节可能会成为引导合格的潜在客户进入下一个销售流程中的"诱饵"。

目前为止，你一直在阅读，那么哪一种方法能较好地帮你学习有关白板的知识呢？如果你真的想要使用白板，你必须开始尝试我们所讨论的内容。在整本书中，我们都会安排类似这样的行动部分以供你练习。我们就是想让你拿起一支笔，体验一下这些活动。下面是第一个练习。

练习

选择一个销售的早期阶段，或者你想要跟进的客户。使用可用的注解或者客户拜访计划，并利用85页的空白模板，设计一个能在客户面前使用的"我们是合适人选吗"白板。然后填上甄别机会的标准或者业务目标，这些能为你的解决方案或者产品定义正确的合适度。接着，你可以在潜在客户面前使用这个白板并继续完善它。

在下一章中，我们将一起讨论"发现和甄别机会"白板可能的后续步骤——"为何改变"白板。

CHAPTER 12

"为何改变"白板

65% 的决策制定者会把他们的业务给那些能为其 "营造购买意愿" 的公司，另外的 35% 则称他们会在主要的竞争者中进行公开而公正的角逐。

福雷斯特研究公司

让我们来看第二种白板类型，也就是 "为何改变" 白板。在第 11 章中，我们了解到，你运用 "发现和甄别机会" 白板找到某一个潜在客户，即使表面上他们并不符合你所有的标准，但他们仍有可能是与你的解决方案或服务相匹配的合适人选。

"为何改变" 白板是用来打败意想不到的最大竞争对手的。实际上你的最大竞争对手不是你的主要竞争对手，而是那些叫做 "不做决策" 或者 "安于现状" 的潜在客户。

根据销售调查公司的销售基准指数（Sales Benchmark Index），有将近 60% 的早期销售机遇成为了安于现状的牺牲品。这些数据和开头福雷斯特研究公司的数据相吻合。如果你无法促成客户的购买意愿，那么他们中的大多数人更有可能保持现在的方向和速度，只有少数的潜在客户会选择竞争这条道路，并很有可能最终选择你的竞争对手。

这是一个信息传递的问题

让我们更仔细地看一下这些数据。在使用"发现和甄别机会"白板后，你已经确定某一潜在客户值得你进行后续的步骤。你和这样的潜在客户安排了后续的会议。但是，很多潜在客户会觉得自己的公司还行，即便在讨论结束后，他们还是决定不需要做出任何改变。你很肯定他们存在着风险或者可能忽视了给他们的业务带来消极影响的某些事情。但问题是，他们为什么一定要和你商讨呢？

一些潜在客户既担心他们的目标存在风险，又拒绝你（或者任何人的）提供的解决方案，那么对于这样的客户，你如何才能成功说服他们呢？如果操之过急，你很有可能会犯下两个错误：其中一种典型的错误是，你过早地给出了"为什么选择我们"以及过早地传达了与产品有关的销售信息，而潜在客户还没有做好聆听的准备；另一个错误是，你有可能贸然地使用了幻灯片，甚至是"解决方案"白板。事实上，大多数与你进行商讨的潜在客户仍然在暗地里问自己"为什么要改变"以及"为什么要现在做出改变"。他们始终沉浸在自己的现状中，而你却太急切地告诉他们你的故事了。

唤醒旧脑

打破现状就好比要摆脱一个旧习惯。习惯一旦形成，你的大脑就成了一个自动驾驶仪，负责做出改变决定的大脑则直接进入了休眠状态。为了改变这个习惯（现状），你需要重新考虑你现有的方法，必须唤醒做出改变决定的这一部分大脑的功能。

这一部分大脑叫做旧脑（old brain），有时候又叫最初的大脑（primal brain）或者蜥蜴脑（lizard brain）。如果旧脑感到你的生存处于危险状态，或者你的现状不安全，它就会让你作出反应，远离潜在的威胁，找到"安全地带"。因此你的首要任务就是要确保潜在客户的旧脑已经被激活，并且参与到你的演示互动中了。所以，知道什么能够刺激旧脑是再好不过的事情了。

作为一种生存机制，旧脑更倾向于远离痛苦，而不是转向收益。它也具有更强的适应性，处理问题时更加感性而不是理性。白板图像则是一个很好的途径，可以很好地呈现威胁、挑战、问题以及可能错过的机遇或者未满足的义务，并能让你的潜在客户产生本能反应，让他们明白他们期望的结果中存在着风险。

旧脑没有言语能力。它的工作水平非常低，几乎靠本能进行判断。你需要做的就是要呈现一个能刺激旧脑的情境，促使它们重新考虑现状。因此，"为何改变"白板要尽量简单，要一针见血，要能展示鲜明的对比，让旧脑能够通过对比加以区别。你不能只是提出新的做事方式，你还要展现出老方法不再有效的原因。另外，白板图像要能通过鲜明的对比说明为什么旧方法不好而新方法能奏效。潜在客户感知价值、做出决定的能力就能在这种对比中被激发出来。

"为何改变"白板能对现状造成足够的干扰，你的潜在客户必然要质疑他们自己的现有方法，考虑做些改变。如果你使用得当，那么这种白板能帮助客户自行区分现存的产品、服务或者程序。你也不用急着演示关于"为什么是我们"的"解决方案"白板，因为这种白板会过早地阐明你是谁、你的产品和服务的信息。

让我们通过冷路货运的例子仔细地看一下关于"现状与未来"的"为何改变"白板，如图 12—1 所示。

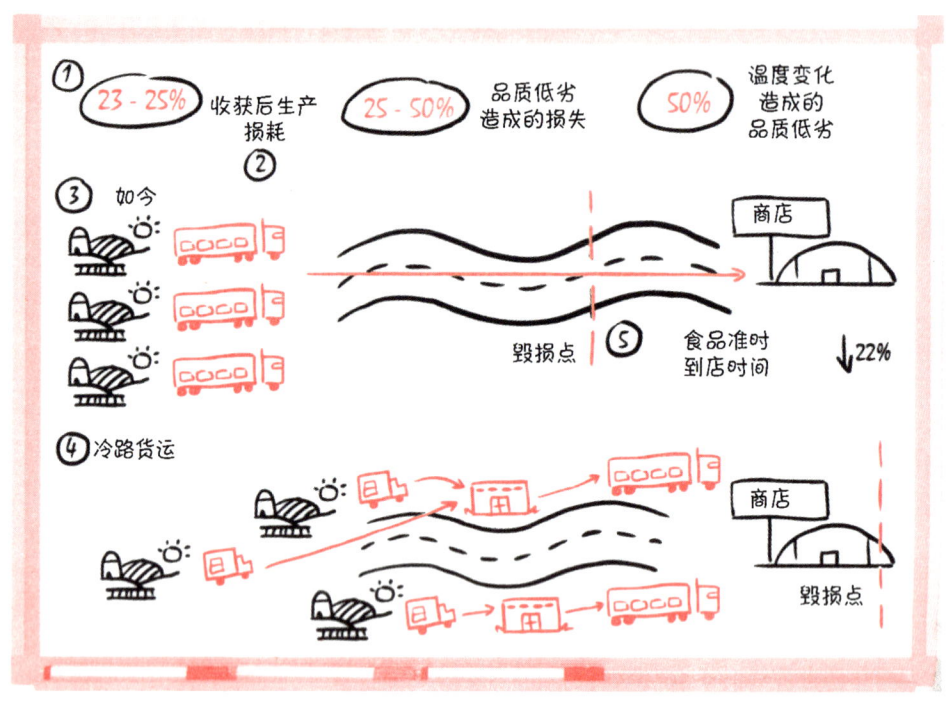

图12—1 关于"现状与未来"的"为何改变"白板

你可能会注意到，这个白板有一系列固定的运转线路，目的是刺激潜在客户，向他或她展示其现状所存在的安全隐患，并将对话引导到你推荐的新的安全方式上。

练习：为你现有的客户设计一块关于"现状与未来"的"为何改变"白板

1. 以"先入为主"的词句作为开始。典型的开场白通常是以一系列具有一定含义的数字（在本例子中则是百分比）呈现的。在解释它们的含义之前，先把所有先入为主的词句写在白板上。

2. 然后揭示其含义，并随附罗列这个客户从未应对的、不重视的，甚至是未觉察到的潜在威胁。在这个例子中，我们的数据显示，虽然富迪新鲜食品的产品毁损率处于行业平均水平，但质量差会造成巨大的利润损失，温度变化也会使品质下降50%。

3. 接着在白板上呈现的是一个巨大的视觉图片，以一种令人痛苦的语调说明潜在客户的现状。介绍现状时，你应该根据公司以往与其他类似公司打交道的经历，说出这类企业正在和哪些因素作斗争（记住，比起采购者，你需要了解更多像他们一样的公司和决策制定者。他们期待你能说出他们所不知道的事情，并且分享这些见解）。在多数情况下，食品连锁商店通过航运公司，将整车货物在产地包装好后直接运送到商店中，但这很容易出现延误以及在运输过程中温度出现大幅度波动，从而加速了产品的损坏。这时和这一图片相关联的对话创造了一个与客户互动的机会，能够让你断判潜在客户的经历和你演示的对象之间是否存在着很多相似性。接着，你应该阐明他们在现实中的"疏忽和侥幸"会给他们的业务带来哪些消极的影响，并以视觉的方式呈现这些缺陷或者不足。这非常关键，只有这样，才能让决策制定者尝到痛苦的滋味。

4. 这时，寻找可能的替代方法就显得迫在眉睫了。一旦客户做出改变的时机成熟了，你的白板就需要演变成截然不同的观点，并开始引导你的潜在客户向你的新方法靠拢。你必须展示如何更好地解决这些紧迫的、意义重大的问题。白板图像必须清晰地描述解决这些问题的不同方式，但同时不要涉及太多关于解决方案的细节。另外，你的演示必须关注那些只有你才能解决或者你能以独特的方式明确处理的缺口。例如，冷路货运公司的方法是"零担货运"，以更快的速度运输具体的产品。他们先在温控分发中心集合产品，然后用最新的温控技术，以整车货运的方式分派这些产品。因此，毁损的情况，只可能出现在产品到达后，也就是在商店中，绝不可能出现在运输途中。

5. 在白板演示的结束阶段，你需要以对比的方式来分享顾客的例子。"为何改变"白板至少需要使用一个案例，这个案例来自于同一市场中的某个客户，他们遇到了一个相似的挑战并且成功地将其克服。这将帮助你的潜在客户明白,他们和那个公司一样,急需做出改变。和冷路货运合作,食品安全公司(Food—All—Right)就可以减少 22% 的产品毁损。

练习

使用你对其进行过"发现和甄别机会"白板的公司或正处在销售流程早期的另一家公司作为例子,利用g3页的空白模板,完成"现状与未来"的"为何改变"白板的架构。

关于"碰壁为何改变"白板

让我们来看一下"为何改变"白板的另一个变体——"碰壁为何改变"白板(The Wall Why Change Whiteboard)。这种白板的理念非常简单,即证明潜在客户的现状是无法应对一系列有代表性的挑战,更不能充分利用机遇,实现既定的目标,如图 12—2 所示。

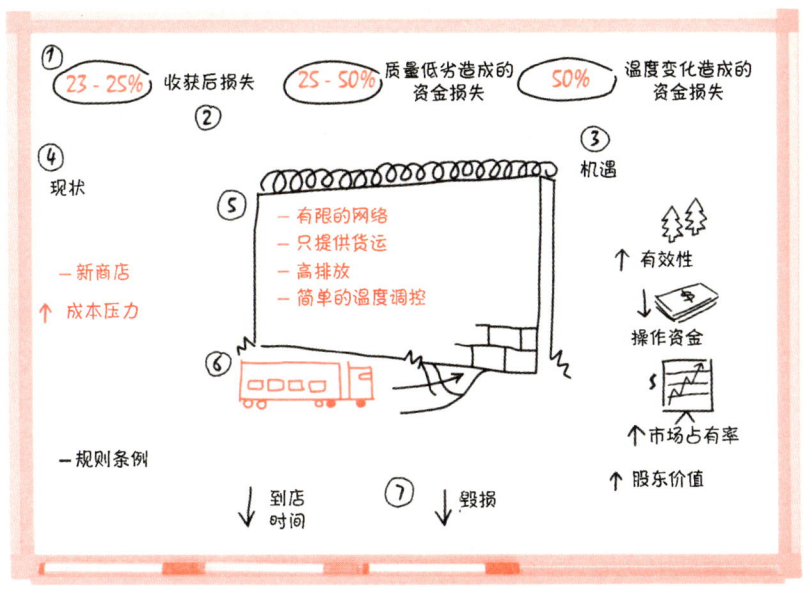

图 12—2 "碰壁为何改变"白板

1. 这个白板也以数字作为开头。

2. 接着揭示其含义。

3. 确定并证实潜在客户的重要机遇和目标。这一环节要注意，呈现的方式要与其他相似的组织机构类似。

4. 记录潜在客户的现状。

5. 碰壁代表了影响所有食品商店的、具有代表性的、并且阻碍它们跨越现状和机遇之间鸿沟的挑战。和上一个例子一样，一旦改变的时机成熟，你的白板就需要演化出一个截然不同的观点。

6. 接下来，使用一种截然不同的方法展示你的解决方案。在这一例子中，这种方法无非是关于冷路货运如何帮助客户应对挑战之墙的，或者为挑战之墙打开通道的。

7. 最后，你可以和之前的例子一样，谈论验证点。你要注意使用白板时应避免对产品或解决方案的细节进行深入探讨。

到目前为止，你的潜在客户可能已经相信他们需要采纳一种不同的方法，他们想要做出改变。但现在他们想知道你如何才能帮助他们打破现状，抓住机遇，以及为何你才是帮助他们的最佳供应商。这些都可以通过使用"解决方案"白板做出回答，我们将在下一章中介绍相关案例。

CHAPTER 13

"解决方案"白板

通过几件事就能让白板式销售非常成功，并能将复杂的解决方案简单化。白板的格式促进了销售人员和采购者之间的小组动态讨论。不需要再使用幻灯片。我想让你明白，我们每天都在使用白板式销售技巧，传达信息，填充计划，完成交易。

美国南佛罗里达州的一位销售代表

从2007 年开始，直至撰写本书时，我们和客户一起设计并实施了将近 500 份"解决方案"白板。在某些情况下，一个客户就能让我们针对其具体的产品、解决方案设计出 50 多份不同的白板，甚至让我们设计企业级的白板，展现公司进入市场解决方案的广度。

"解决方案"白板和到目前为止我们所展示的白板不同，这种不同有着非凡的意义，比如，这种白板讨论的是"为什么是你"以及"是什么"，而不是"为什么改变"或者"为什么是现在"。这种白板也可以紧随"发现和甄别机会"白板，目的是发现并了解更多潜在客户面临的挑战，以确定这一机遇是否值得深入探讨。

很多"解决方案"白板的设计都是为了更深入、更仔细地挖掘解决方案和服务的具体环节，以及其传达的独特价值。从内容的角度来看，"解决方案"白板是受传统销售的辅助工具（如幻灯片演示、数据表、白纸等）中包含的典型信息所驱动的。不论表现得有多么详细，"解决方案"白板有时候就是为了呈现客户可能会经历的整个旅程或者"生命中的一天"。

"解决方案"白板示例

在这一部分中，我们会展示几种"解决方案"白板。记住，在演示"解决方案"白板时，你要做到以下四点来实现情境流畅：

1. 经常与你的客户核对，在适当的时间提出适当的问题，以确保双方的信息沟通顺畅；
2. 根据潜在客户的兴趣程度调整演讲内容；
3. 必要时添加或者删减白板元素；
4. 为每一块白板建立一个简化版，根据观众反应以及呈现示例所用的时间，适当删减信息。

你也许会注意到一点，这些"解决方案"白板示例并没有包括第 9 章中介绍的所有白板类型。你可以根据潜在客户的具体情况，通过混合和搭配各种白板类型，创建属于你自己的定制化模板。比如，潜在客户已经知道你公司的基础信息了，你就不需要在白板上重述这些信息。特别是在涉及会议目标时，定制化模板不失为一个好主意。但出于阐述例子的目的，在很多情况下，本书并没有足够的空间将每一种类型白板应包括的会议目标和后续步骤都囊括其中。

"级别设置方向盘"白板

第一个白板例子实际是在"发现和甄别机会"白板以及"解决方案"白板之间架起到了桥梁的作用。你可以在第二次会议中使用这种白板，从而引出更加具体细致的"解决方案"白板。要知道展示你在之前的会议中得到的信息是非常关键的一步，之后你的沟通才有更深层的价值。级别设置方向盘（the Level Set Wheel）能帮你做到这一点——在探讨解决方案或服务的细节之前，和潜在客户在基础层面上达成一致，建立共识，如图 13—1 所示。

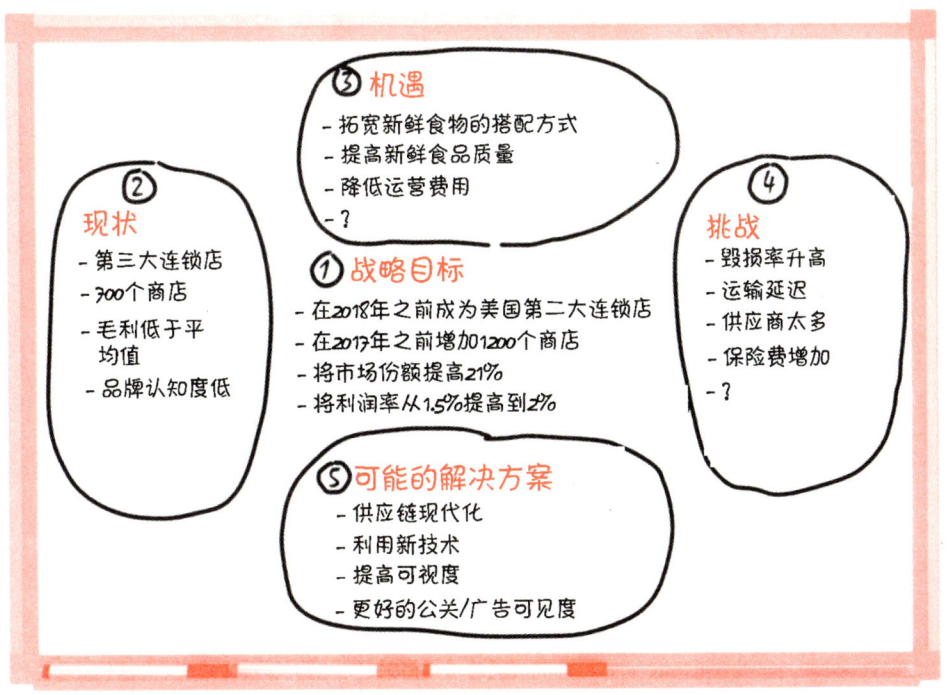

图 13—1 "级别设置方向盘"白板

让我们按照你书写的顺序，再来看一下这个方向盘的每一个构成元素。图 13—1 描绘的例子展示了"级别设置方向盘"白板在处理冷路货运的解决方案和服务时是如何工作的。

公司的战略目标

公司的战略目标体现了最高级别的商业目标，而这些商业目标正是通过公司管理层乃至首席执行官、董事会制定的措施得以实现的。在开展独立的研究，和潜在客户进行早期讨论或者使用"发现和甄别机会"白板时，你就应该收集这一信息。

练习：为现有客户设计一块"级别设置方向盘"白板

备注

现状

现状要反映潜在客户的当前环境、投资状况、现有系统和整体进度。

机遇

机遇指的是处理业务，实现公司目标和计划的可能性。机遇比最高级别的公司战略目标更加具体，是具体方法或任务的优化组合，比如降低成本或风险，抑或是新产品的供应。

挑战

挑战是指由现状引起的与具体业务相关的问题和担忧。挑战比现状更加具体，它能阻止或阻碍你的客户抓住市场机遇，实现战略目标。

可行的解决方案

可行的解决方案不一定是你公司提供的具体产品或服务的名字，而是解决方案或产品的类型。它的目标是要让潜在客户意识到他们的确需要做一些事情，并做好采取某人的解决方案（不一定是你的）的准备，而不是什么也不做，维持现状。这个时候，你不应该谈及任何产品或服务的特征和功能的细节，而只应谈到高级别解决方案或者可行的战略方案。

练习

选择一个正处于销售流程早期阶段的积极客户，运用你的笔记或者客户计划以及100页的空白模板，设计一个能在客户面前演示的"级别设置方向盘"白板。

"采购标准解决方案"白板

"采购标准解决方案"白板（The Buying Criteria Solution Whiteboard）无疑是简洁地演示解决方案的最好方法。它的目标直截了当——展示你的解决方案是如何满足潜在客户关键的采购标准的。这种白板能以对你有利的方式植入采购标准，尽管这非常困难。但它的秘诀就在于利用客户例子以及验证点说明你的解决方案能够满足每一项采购标准（或者驱动潜在客户需要）。同时，对客户来说，它还为其他很重要的采购标准留有余地。这些采购标准应该是高级别的，并且以业务价值为导向，而不应该以特征或功能为标准，甚至你最终提供的产品或者解决方案的主要功能都需要满足这些采购标准。

你可以看到图 13—2 中的那些标有数字的小"步骤气泡"，它们具有两大功能：一是作为白板图像例子解释每一个步骤目标之间的联系；二是提醒演示者应该以何种顺序涂画白板。

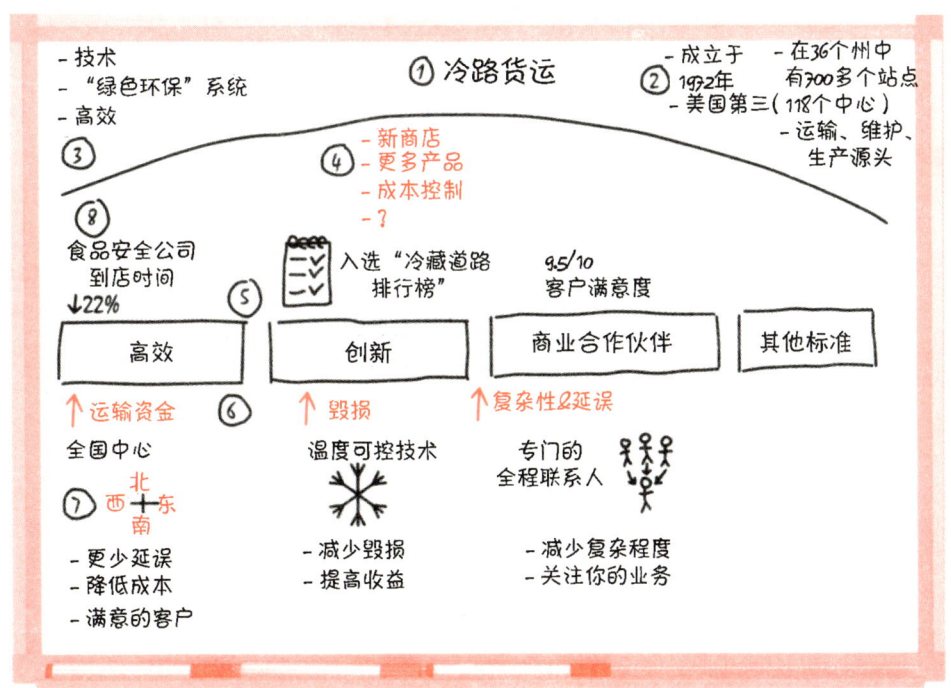

图 13—2 "采购标准解决方案"白板

练习：为现有客户设计一块"采购标准解决方案"白板

备注

让我们来看一下"采购标准解决方案"白板的标准流程，共有以下 8 个步骤。

1. 白板标题通常包括产品或者解决方案的名称。对于高级别的解决方案白板，白板标题也可能是你公司的名字。

2. 选择你公司的简介作为开场白。正如之前提到过的那样，这取决于潜在客户对你公司的了解程度。

3. 讨论主要的市场走向以及关于树立思想领袖和可靠顾问地位的主题。

4. 重述或者强调客户的主要挑战，向你的潜在客户证明你已经做了相关功课。

5. 介绍能与你的解决方案完美吻合的主要采购标准，并确定对你的潜在客户而言其他重要的采购标准。

6. 讨论每一个采购标准所面对的挑战。在强调你所提出的采购标准重要性时，这一步是很有必要的。

7. 讨论满足主要采购标准的相关产品以及解决方案的细节和功能。只选择那些你认为符合潜在客户实际情况和挑战的功能。

8. 提供参考、验证点或者其他第三方验证，来说明你的解决方案能满足每一条采购标准。

另外，如前文所述，在演示这一白板时，要为会议目标和后续步骤留出一些空间。

练习

运用你曾对其设立过"级别设置方向盘"白板的公司的例子，并利用104页的空白模板，完成"采购标准解决方案"白板的架构。

"山脉型解决方案"白板

当你致力于将你的解决方案或服务区别于竞争对手时，当你希望根据客户的商业战略提供符合消费者口味的产品时，"山脉型解决方案"白板（The Mountain Solution Whiteboard）就是有效的白板模板，如图 13—3 所示。

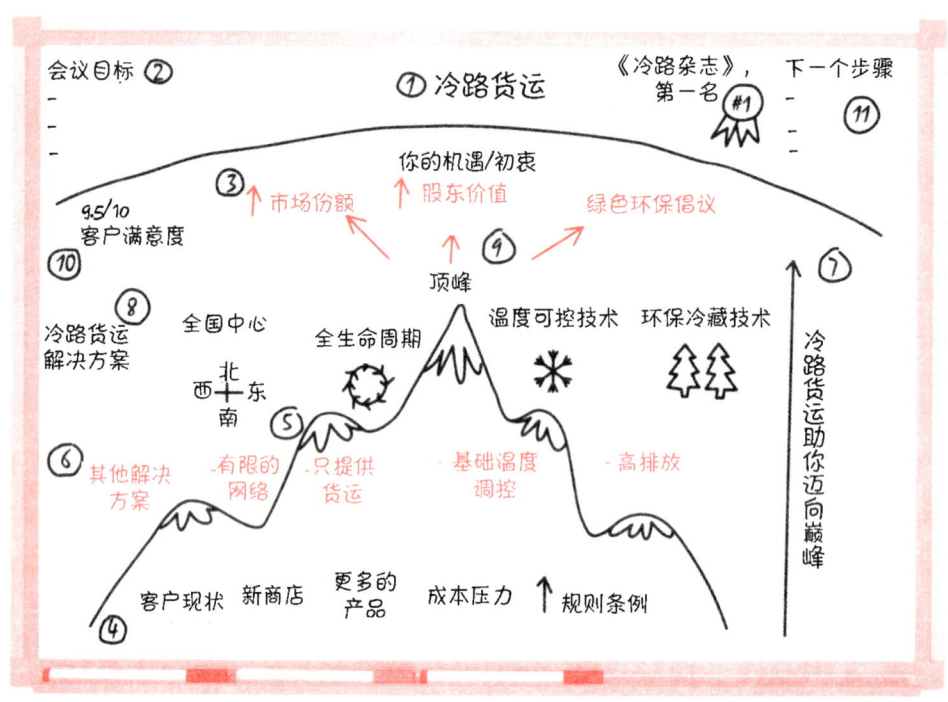

图 13—3 "山脉型解决方案"白板

让我们来看一下"山脉型解决方案"白板的 11 个不同元素。

1. 白板的主题作为标题。对于高级别解决方案白板来说，标题可能是你公司的名字、一个解决方案或者应用案例。更加具体的"解决方案"白板通常更关注产品或者具体的性能。

练习：为现有客户设计一块"山脉型解决方案"白板

备注

2. 确立会议目标。一般来说，目标应该来自于你的潜在客户，但你也需要确立自己的会议目标。

3. 你的客户想要实现的目标是什么？他们的高层愿景、商业目标、紧迫事务以及短期计划是什么？你在一开始就应该通过电话或者"发现和甄别机会"白板做好足够的功课。

4. 潜在客户现今的业务范围在哪里？阻碍他们抓住商业机遇的复杂情况或者环境

是什么？这就是他们的现状。

5. 将客户的现状与未来以山脉的形式画出来，探讨从山脚到山顶将经历怎样的旅程。

6. 如果你的客户告诉你他们正在评估其他竞争对手的解决方案，并且误认为这些方案也能带来相同的效果，那么你就要向他们说明竞争对手解决方案的不足之处，甚至可能阻碍他们到达山顶。

7. 让你成为唯一一个能带领潜在客户走向山顶的供应商或者解决方案。

8. 展示你的解决方案的独特之处，也就是该方案的商业价值所在。这一点正是你的竞争对手所不具备的。

9. 如果需要的话，进一步解释你将如何帮助潜在客户到达山顶，并且在对话开始的时候就抓住机会开展你的演示。

10. 提供一个验证点或者个案研究。

11. 呈现后续步骤，确立任务项目。

练习

运用你曾对其建立过"级别设置方向盘"白板演示的公司，并利用109页的空白模板，完成"山脉型解决方案"白板的架构。

"一天型解决方案"白板

"一天型解决方案"白板（The Day—in—the—Life Solution Whiteboard）能让你更加深入地探讨具体的解决方案或产品。同时，它还能提供机遇，让你展示提供方案的独特性，解决客户在现实中遇到的挑战。要做到这一点，你必须在潜在客户公司中找一位整日受到公司现状折磨的员工作为调查对象。这种白板在巩固你和潜在客户之间的沟通方面非常有效，而且还能满足客户关键的需求。它能将你塑造成一名思想领袖，并帮你确认潜在客户的现状，如图13—4所示。

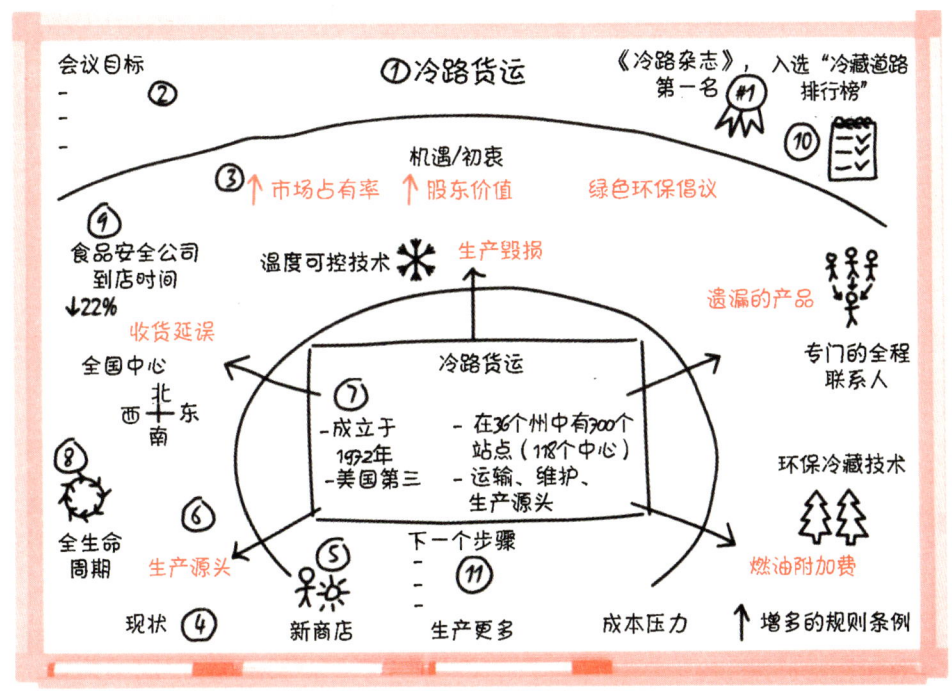

图13—4 "一天型解决方案"白板

有些类型的解决方案白板不注重研究典型的趋势和挑战。那么，你需要注意的恰恰就是客户的具体问题以及如何在故事框架中，运用解决方案一个一个地解决这些问题。"一天型解决方案"白板通过以下10个步骤做到这一点。

1. 白板的主题通常和一个具体的解决方案或者产品相关联。

2. 确立会议目标。一般来说，这些目标应该来自于你的潜在客户，但同时你也应该为会议设立自己的目标，并在会议结束后询问具体的后续步骤。

3．重述你所掌握的与潜在客户相关的高级愿景、商业目标、紧迫事务以及短期计划的信息。

4．通过讨论和交流确认客户的现状。

5．运用"一天型解决方案"白板跟踪虚拟的一天中所存在的典型难题，画一个圆圈来表示从早晨起床到晚上去酒吧的一天。这一天是个浓缩的比喻，象征着潜在客户所处的一般业务环境。

6．围绕圆圈移动，介绍一些典型的难题，并询问"这发生在你们身上了吗？"、"你们曾经遇到过这样的问题吗？"或者"在我们先前的讨论中，你们提到过的在……方面遇到了挑战了吗"。运用情境流畅，你可以提高对之前不曾注意到的挑战的关注度。

7．让你的公司成为唯一一家能"挽救这一天"的供应商。但是现在千万不要讨论解决方案的细节。

8．通过描述解决方案的独特功效以及阐述这些解决方案是如何解决之前所说的难题的，遵循相同的圆圈路径，解决圆圈路径上遇到的每一个难题。

9．在讨论你的解决方案是如何解决潜在客户的难题时，最好穿插一些例子，来证明你是如何为现有客户带来相似的效益。

10．讨论下一个步骤，确定行动项目。

练习

运用你曾对其进行过其他类型白板演示的公司，并利用111页的空白模板，完成"一天型解决方案"白板的架构。然后再观察一下，某些解决方案白板因素是如何得到呈现的，而另一些却没有。另外，这些因素的顺序是如何确定的。

练习：为现有客户设计一块"一天型解决方案"白板

备注

CHAPTER 14

"竞争"白板

我希望我最大的竞争对手没有察觉这一白板，直到我的解决方案遍布得克萨斯州。我们偶然发现的这个秘密武器是多么强大啊。

美国南佛罗里达州一位新入职的销售代表

白板销售成为具有竞争力的武器主要体现在两个方面：（1）你使用白板而不是幻灯片就足以将你和只会操作幻灯片的竞争对手区分开来；（2）更重要的是，当你在潜在客户面前演示解决方案时，你可以通过图像展示你的解决方案与竞争对手的相比有哪些独特的优势。你也可以埋下"地雷"或者使用其他高招，战胜你的竞争对手。

在本章中，我们将探讨一些白板架构的示例，通过直接对比，清晰地展示你的独特之处，教给你一招致胜的策略。

主动出击还是被动挨打

当我们和客户合作时，我们经常能听到这样的话："我们不想在白板上说出竞争对手的名字，这不是我们的风格。"在很大程度上我认同这样的说法。拐弯抹角地称呼竞争对手为"其他人"，或者"供应商领头羊"，或者"现任供应商"，这通常是明智的演讲礼仪。因为这样就不会显得你是在攻击竞争对手。

但在很多情况下，当潜在客户正在对新产品进行直接评估，或当他们正在考虑替换现有的供应商时，他们就会明确地问你如何与某一个供应商竞争。此时，一些销售人员就会采取更加激进的销售方法，因为他们知道竞争对手正在发起正面的攻击，他们只有正面迎接挑战。

关于竞争差异化的提醒

你可以根据自己所处的销售情境，从即将要讨论到的"竞争"白板模板中做选择。但在你选择一个模板之前，你首先应该考虑哪一个或者哪一种决定因素值得你在白板讨论中进行强调。第四部分将对这一主题做详细讨论，因此，在你搭建"竞争"白板之前，请您先参考上述的内容。

"竞争"白板的使用示例

"竞争"白板共有以下两大类。

1. "竞争力改造"白板（competitive retrofit）。这些白板只是在现有白板的基础上添加具有竞争力的视觉信息。设想一下，你使用"解决方案"白板和你的潜在客户开销售会议，可能在这个白板上并未包含竞争性信息，而潜在客户又明确地想要知道你的不同之处，或者通过讨论，你知道潜在客户正在考虑另一个供应商，那么你就可以在原有白板的构架上，做一些轻微的结构调整，添加一些视觉因素或是移除某个元素，只在布局、流程上作调整，原来白板的整体外观和感觉保持不变。

2."竞争"白板。这是一种你需要从头设计并能够"直刺咽喉"的白板，它能与竞争供应商形成直接的对比。

让我们看一下这两种白板的具体示例。

例1："竞争力改造"白板——"采购标准"白板

让我们一起来看一个例子，了解如何在现有的"解决方案"白板——"采购标准解决方案"白板的基础上添加一个非常简单的竞争元素。下面的图 14—1 显示了我们是如何通过在白板底部留有部分空间，暗示某一竞争供应商缺少与采购标准相吻合的能力的。我们还省去了"提出的问题"这一部分。不过，如果你的白板上空间足够或者有其他的绘画表面，那么你完全可以保留这一部分。

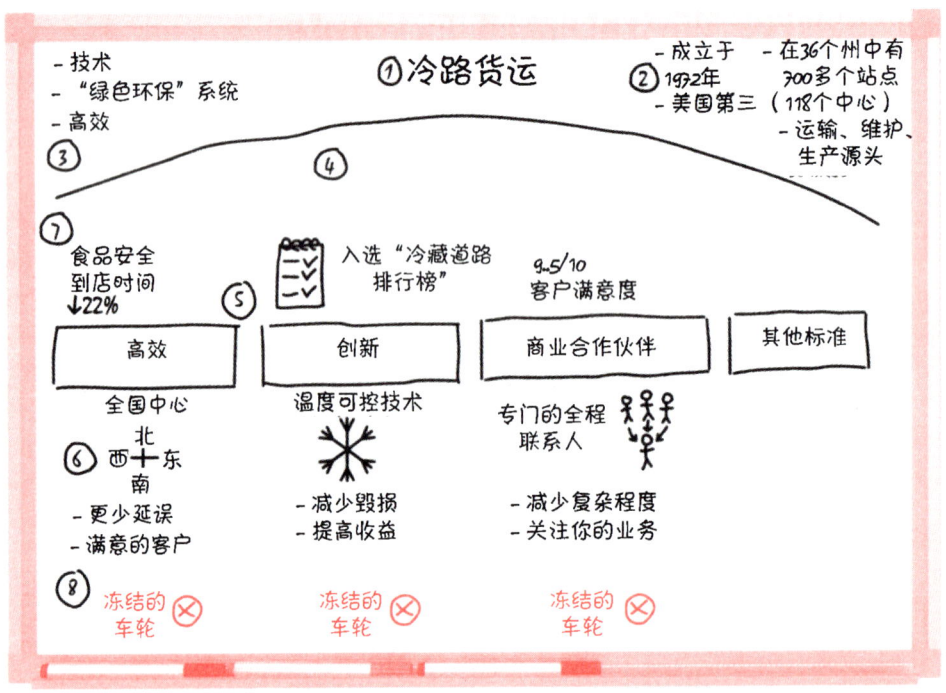

图 14—1 "竞争力改造"白板——"采购标准解决方案"白板

练习

重新查看你在第13章中准备的"采购标准解决方案"白板，选出你最大的竞争对手，并利用117页的空白模板，在白板底部添加竞争优势或者不足。

例2：竞争力改造白板——采购标准白板（原有结构改造）

　　这一个例子采用了与"采购标准"白板相同的基础结构，但是通过增加具体的竞争力比较和更加独特的"解决方案能效"项，使得改造力度进一步加强。这一白板的关注点仍然是三大采购标准，也就是相对于其他竞争对手或者竞争团体而言，你所具备的最大竞争优势，如图14—2所示。

练习：重新查看"采购标准解决方案"白板，并将竞争性因素涵盖进来

备注

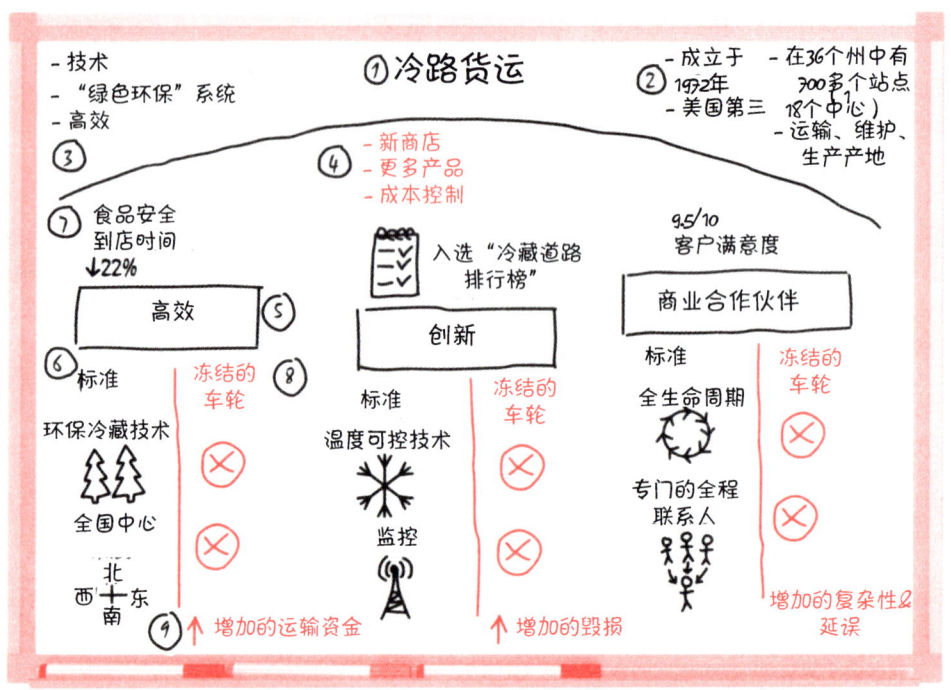

图 14—2 "竞争力改造"白板——"采购标准"白板（原有结构改造）

在架构这块白板的时候要注意以下三个重要事项。

1. 在这一白板上，你要重点告诉潜在客户如果他们选择你的竞争对手，可能面临的商业风险。通过将你们之间的讨论稍微提高一个等级来强调这一点。

2. 为更多的特征和效益留有更多的空间，以便进行直接比较。

3. 这种白板仍然依赖客户验证和参考，以证实采购标准和核心能力的重要性。

练习：重新查看"采购标准解决方案"白板，并将具体的竞争性对比涵盖进来

备注

> **练习**
>
> 重新查看你在第13章中准备的"采购标准解决方案"白板，选出你最大的竞争对手，并利用119页的空白模板对白板进行修改，使其涵盖扩展的竞争性信息。

例3："四象限典型方法"白板

让我们看一下，用这种重新设计的白板，展现你与其他竞争对手相比所具备的优势，如图14—3所示。在这种情况下，我们要避免正面攻击，而是从更加温和的"典型方法"角度出发。"典型方法"一词是对竞争供应商的一种暗指。虽然没有明确说出供应商的名字，但是他们使用的仍然是过时或者令人厌倦的方法。有时如果你想要明确直白一点，那么你可以用一个具体的竞争对手名取代"典型方法"，所以"典型方法"也可以指"不做决定"，仅局限于当前使用的方法。

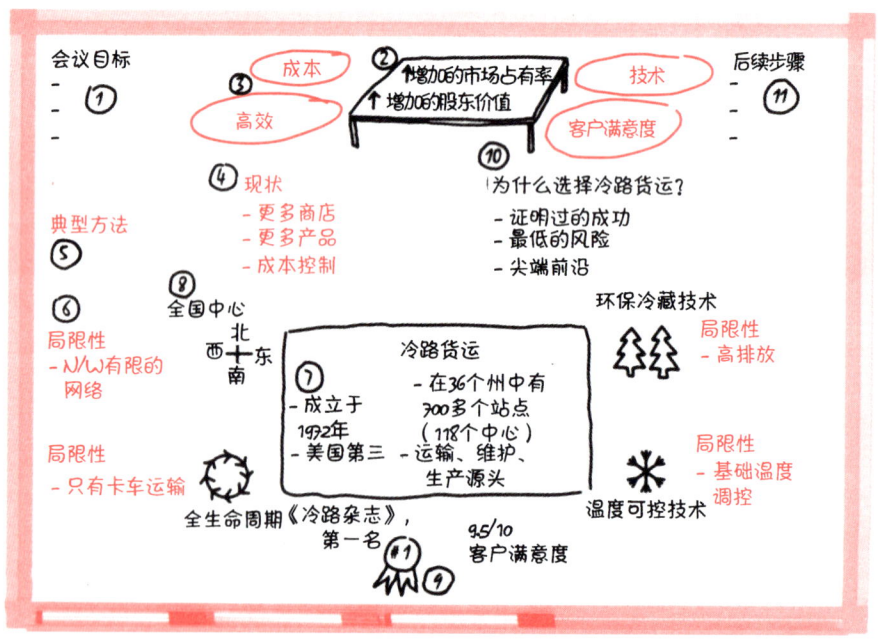

图14—3 "四象限典型方法"白板

练习：为现有的潜在客户搭建一块"四象限典型方法"白板

备注

让我们通过以下 11 个步骤深入理解这种白板是如何架构的。

1. 以会议目标作为开场白。你可以添加一个案例研究作为参考，以激发观众的兴趣。

2. 如有必要，确认或者发现客户的商业目标、市场机遇以及短期计划。

3. 如有必要，分享典型趋势以及挑战，并加以证明。

4. 确认潜在客户的现状（现存业务、失败的业务流程、局限性等）。前文例 3 中分享或发现的挑战就可以在这里进行验证，但这个部分不是必须的。

5. 写下"典型方法"或者竞争对手的名字。

6. 用典型的或者竞争的方法列出对手的局限性，从左上端开始顺时针方向移动。将每个局限性与潜在客户的现状、趋势以及挑战紧密相联。由于阐明了这些局限性对于潜在客户的意义以及存在的商业风险，因此这样做非常有效。

7. 如果需要的话，简单介绍你的机构以及关键的解决方案。这可能包括你提供的关键因素和数据点，或者各种各样的解决方案。在白板讨论的开始，你不一定要介绍你公司的基本信息。事实上，只有当你通过早期的信息交换，为自己建立起可靠的顾问和思想领袖形象，并获得深入讨论的权力时，这些详情才更具影响力。

8. 确认关键解决方案的优势，并解释这些优势是如何解决典型方法或者指出竞争对手方法的局限性的。每一项优势都要与以下两点结合：第一，你的解决方案和独特优势如何满足潜在客户的现状；第二，你如何以独特的方式帮助他们达成商业目标，抓住市场机遇，实现近期计划。

9. 当你讨论每个象限中的独特优势时，不妨强调一下相关的个案研究或者经验证的事例，最好是带有一定收益的。

10. 总结你的解决方案比典型或竞争者的方案更加有优势的原因。顺便说一下，这个"为何是我们"部分是白板基本的构成元素，你可以用到任何白板内容中。

11. 以可实施的后续步骤作为结束。

上述步骤非常有效。在这种白板上，你还可以用到其他三个可选择的流程。

1. 在讨论典型方法和局限性之前，介绍你的解决方案以及所有四象限中你的主要竞争优势。

2. 在讨论每一组典型方法的局限性之后，介绍你的主要竞争优势。

3. 避免讨论潜在客户的现状，相反，你可以以任何一种有意义的顺序，介绍典型方法的局限性和你的主要竞争优势。

说到白板演示，在结构、流程、内容、交流以及其他构成元素上，你拥有足够的弹性，这一规则在竞争白板上也一样适用。我们的目标是让你知道如何架构任意一种类型白板的内容和对话。

练习

选出你最大竞争的对手，并利用121页的空白模板，运用上面提到的所有结构和流程搭建一个四象限典型方法"白板。这次，选一个你最大的目标客户进行白板设计，使之与目标客户最紧迫的业务目标、机遇、挑战和现状相吻合。

例4："将成本/风险转化为价值"白板

让我们看一个战略型白板示例，如图 14—4 所示，这种白板将你的公司和解决方案定位得更加创新、更加前沿。

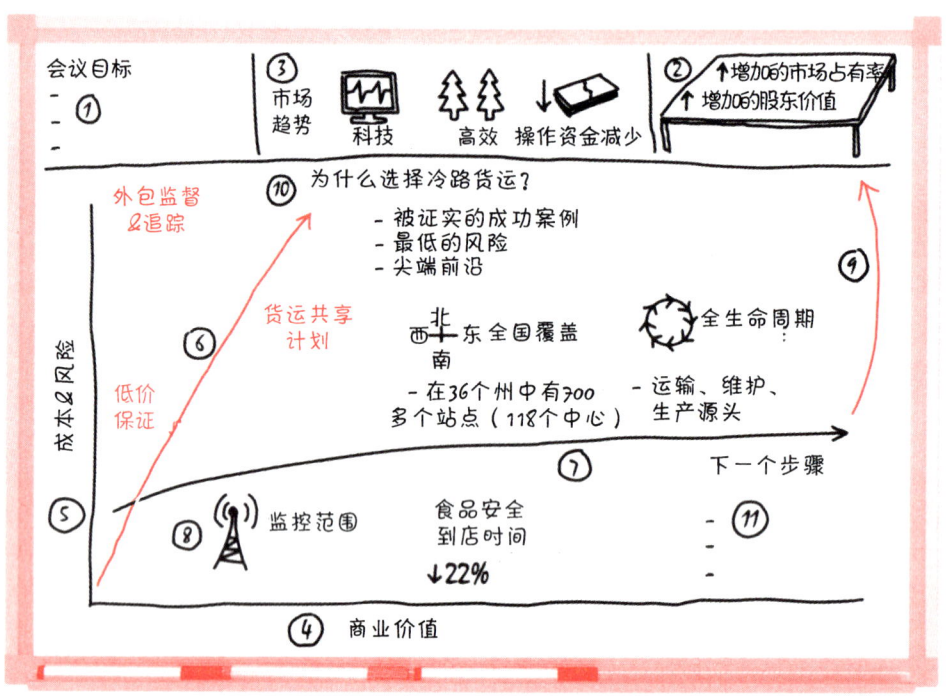

图 14—4 "将成本 / 风险转化为价值"白板

练习：为现有的潜在客户搭建一块"将成本/风险转化为价值"白板

备注

这个白板向你的客户展示了他们是如何以更低的成本和更小的风险实现商业目标，抓住市场机遇的。如果你的竞争对手是一家初始价格点较低的供应商，那么这种白板对你是非常有效的。你要证明这个较低的 "引诱利率"（teaser rate）是如何具有欺骗性的，并且证明如果潜在客户选择你的竞争对手，他们的成本和风险将如何大幅增加，并且不会产出相应的商业价值。

我们来看一下架构这种白板的 11 个流程。

1. 以会议目标作为开场白。你可以添加一个个案研究作为参考，以引起观众的兴趣。

2. 如果需要的话，确认并发现客户的商业目标、市场机遇以及短期计划。

3. 如果需要的话，分享典型趋势以及挑战，并加以证明。

4. 在 X 轴上写上 "商业价值"。

5. 在 Y 轴上写上 "成本／风险"。

6. 画一条红色的垂直线。尽管竞争对手的初始价格可能较低，但总成本以及整体业务风险都会大大增加，并且只会产生较低的商业价值。确保沿着这条线的各个点都提到竞争对手的解决方案、产品或者定价招数以及它们的局限性，来支持你的论证。

7. 画一个弧线，其代表的内容是：你的解决方案在涉及意义重大的商业价值时成本更低，效果更持久，实施、贯彻、部署的风险更低。

8. 找出支持这种说法的解决方案的优势，并辅以与该主题相关的、具有商业价值的客户案例研究。注意，你可以运用解决方案的各种因素或者整体提供的产品以适度提高由成本传递所增加的商业价值。如果你有多个版本的解决方案，或者增加产品功能，或者提供交叉销售（cross—sell）和追加销售的机遇 (up—sell opportunities)。那么，你的目标决定了你将为供应商提供商场上最为完整、低风险、先进的解决方案。

9. 在解决方案弧线的末尾向上画一条线，指向图中写有商业目标的桌子，强调只有你才能带领潜在客户到达目的地，而你的竞争对手则不行。

10. 总结为何你的解决方案比典型方法或者具体的竞争对手的方法更具优越性。

11. 以可实施的后续步骤作为结束。

"竞争"白板可以成为有效的竞争武器，但是你要有选择地使用。只有当潜在客户同意时，而且最好是等他们要求进行一次这样的讨论时再使用。

练习

选出你最大的竞争对手，并利用125页的空白模板，运用上文中提到的每个结构和流程搭建一个"将成本/风险转化为价值"白板。选一个你最大的目标客户进行白板设计，使之与目标客户的主要商业目标、市场机遇相吻合，并说明你是如何以更低的成本，更快地带领他们实现目标的。

CHAPTER 15

"商业案例"白板

不是所有有价值的东西都能被认为有价值，也不是所有被认为有价值的东西都真的有价值。

阿尔伯特·爱因斯坦

爱因斯坦的这句名言对销售来说，有以下两点启发。

1. 如果你想运用测量数据或者关键业绩指标（Key Performance Indicators，KPIs）为你的产品或者服务生成一个商业案例时，这些数据或者指标最好对潜在客户来说是重要的，并且和他们的战略目标是高度契合的。

2. 产品或者服务所创造出的商业价值不能简单地以定性的方式衡量，定量的效益也是重要的考虑因素。

当提到定量计数时，通常会出现在销售流程的某一时间点上（一般在后期），你的潜在客户需要说服那些善于计算的人，包括首席财务官、财务控制官或者其他管理财务的高层主管，为何要购买你的产品、解决方案或者服务。一般情况下，提供数据只是一种形式，你的采购者需要在提供的投资回报率（ROI）或者总成本（TCO）上打勾，以支持他的决定。这只是你的客户在申请由别人控制的预算时所需要的"弹药"。

就我们虚构的潜在客户——富迪新鲜食品公司而言，我们知道他们的高层和董事会有很多战略目标，所以我们要重点说明冷路货运的效益价值，使其与这些目标相吻合。富迪新鲜食品公司想要提高净利润，从 1.5% 提高到 2%。他们在新鲜食品（农产品、肉、鱼等）上看到了利润提升的空间，并把新鲜食品作为实现这一目标的途径。提高股东价值主要在于最低收益的增加。因此，在拟定一个商业案例时，作为两大关键指标之一的业务目标自然成为首要考虑因素。

拟定商业案例通常是通过电子数据表或投资回报率计算器来实现的。事实上，整个公司的运营都是基于网络利润率工具。采购者上网输入他们自己的数据，即使在没有销售人员介入的情况下，也能自动生成一个商业案例。但我们相信，这与白板销售所体现的客户联盟哲理和所包含的归属权是完全对立的。当你试着与潜在客户加强联系时，"取消"销售人员的中介地位是你最不想做的事。如果你要呈现一份商业案例，那么请你亲自进行，并且对相关信息（在这个例子中是指"对数据的掌控"）要有完全的把握。记住，可靠顾问这一身份的一大优势就在于你已经花了很多时间了解潜在客户的业务，并且对驱使潜在客户取得成功的主要数据有了完整的了解。但当你面对白板时，你的第一反应可能是："我如何才能记住这块白板上的所有数字和数据？"在本书接下来的部分中，我们将提供一些经过验证的策略，告诉你如何快速记住任意类型的白板内容，让你在不到两个小时的时间就能掌控白板，我保证！

实际上，我们认为"商业案例"白板的内容是次要的，重要的是你作为销售人员的影响力，以及你能向潜在客户传达的信息，这种信息指的是你了解潜在客户业务以及取得他们信任和程度。

在接下来的"商业案例"白板示例图 15—1 中，我们模拟了冷路货运的两大独特竞争优势是如何驱动富迪新鲜食品公司的两个关键业绩指标——净利润和最低收益提高的。让我们具体看一下"商业案例"白板的每一个构成元素、流程以及它为何如此有效吧。

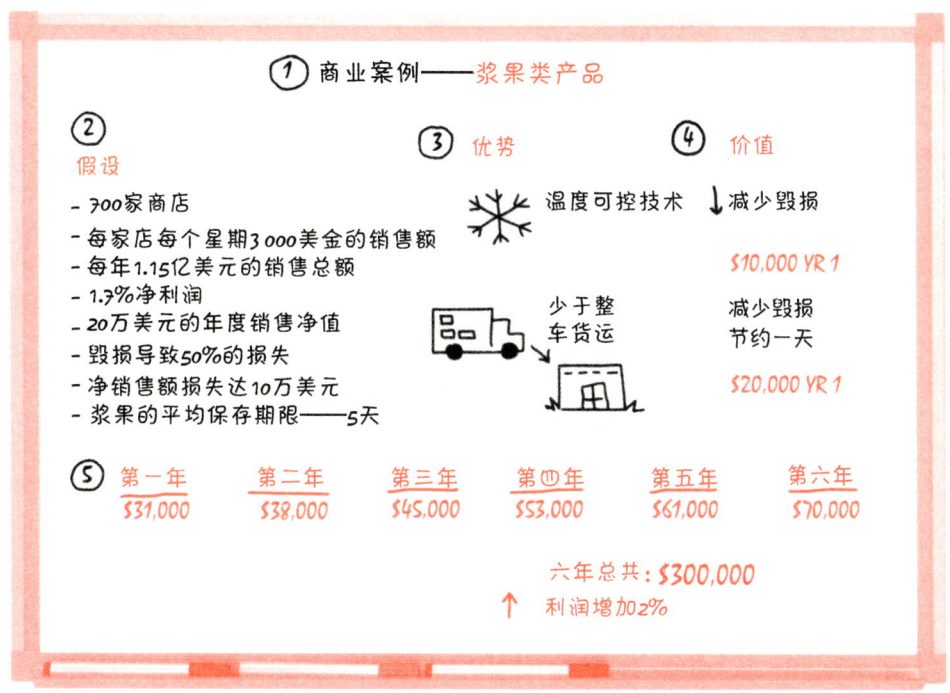

图 15—1 "商业案例"白板

1. 白板标题应该含有"商业案例"字样以及你重点关注的业务或者关键的业绩指标。在这个例子中，我们只关注冷路货运是如何提高众多新鲜食品种类中的一种，也就是浆果类产品的销售和净利润。通过关注众多新鲜食品种类中的一种，我们将做到以下两点：第一，我们可以就节省资金这一方面，说服客户选择冷路货运，并且使客户从中获益；第二，我们选择的数据量是可操控的，在一块白板上能掌控。其他新鲜食品种类的投资回报率和总体拥有成本可以以电子数据表或其他的形式作为跟进内容提供给潜在客户。记住，"商业案例"白板是为了达到警醒效应，而不只是翻腾数据的海洋。

练习：利用现有潜在客户的信息，搭建一块"商业案例"白板

备注

2. 白板设置的第二部分是对商业案例的假设。呈现你和潜在客户100%认同的数据，这些数字绝对是至关重要的。在这一示例中，很多都是由两个关键数据直接得出的结果，如计划开设的商店数量以及每个商店每周浆果的平均销售额，这两个数据都是由富迪新鲜食品提供的。其他数字都是由这些数据通过简单运算得来的，包括毁损率以及和产品使用期限相关的行业公认数据。当使用行业数据时，你需要提供相关证据证明信息来源的可靠性，让你的客户相信这些数据是精确的，在商业案例中是可用的。在你演示"商业案例"白板之前，你必须征得潜在客户的同意（要么通过邮件，要么通过电话），让他们认可你的商业案例假设，这一点非常重要。否则你将成为瓮中之鳖，陷入为假设的正确性申辩的泥潭中。征得同意后，你才能开始讨论的重要部分——产品可估量的效益。

3. 关键的竞争优势。选择不超过三个能产出可估量价值的独特优势，这些价值要与潜在客户的主要绩效指标相关。在这一例子中，冷路货运关注的是通过减少毁损来增加客户的收入和净利润。

4. 传递价值。这是商业案例最具争议性的地方之一，因为无论你的解决方案"通过 Y 减少了 X"还是"通过 B 提高了 A"，这种白板都是建立在你的这些说法得到了潜在客户认可这一假设之上的。因此，重要的是，你必须提供经过证实的有效数据，以支持你所说的节省开支或通过具体能力获得的收益。在虚拟的商业案例中，冷路货运邀请了一家独立的调研公司，评估安装在所有冷藏货运系统中的温度可控技术所带来的毁损缓解率。温度可控技术是为了在集装箱中均匀地制冷，以减少不同种类食品的毁损。该调查的研究结果发表在一篇公开的文章中，被《冷路杂志》作为专题进行了报道。这就增加了数据的可信度。冷路货运的第二项优势——"零担货运"，这使得小型冷藏车得以装载更多种类的货物，并将其运输给中心的分发站点，然后以更快的速度运输到商店中，而不是坐在货板上，等着装载更大的货车。22%的毁损减少率得到了另一个个案研究的支持，这项研究结果针对的是冷路货运的另一个客户——食品安全公司。这家公司

提供了一个参考事例，并证实了这一效益。

5. 计划节约。"商业案例"白板的最后一个部分就是根据富迪新鲜食品的商店成长计划，做出规划，减少毁损（借以增加收入）。影响最大的数据可能是这样的：当你通过冷路货运系统降低了由毁损浆果增加的成本，即 10 万美金，富迪新鲜食品也将浆果的净利润提升至 2%。这和他们说过的商业目标完全吻合。

组建"商业案例"白板时最常听到的反对意见是，很多销售人员对于他们销售的产品或者服务缺少可靠的数据和经过验证的利润率或总拥有成本（TCO）数据。在这种情况下，我们爱莫能助，只能建议你和现有的客户合作，获得你能利用的任何一种可估量效益。记住，"商业案例"白板的真正价值不在于内容，而在于你花时间去组建它，记忆它，并且有一定的方法在不使用数据表或其他工具的情况下能向你的客户进行呈现。

练习

利用一家处于销售流程后期的公司，并结合132页的空白模板，完成一个"商业案例"白板。

CHAPTER 16

"成交"白板

我这一生只有一件事是重要的：让他们在虚线上签字……钱就在那儿。你捡起来，就是你的；你不捡，我也不会同情你。如果你今晚就去谈生意，并围着客户转，那么钱就是你的；如果你不想这么做，那么你就只配给我擦鞋。

布莱克[1]

A—B—C。A 代表 always, B 代表 be, C 代表 closing；always be closing——一定要成交。那些著名的语句在很多销售人员的脑海中不断回响。在他们经理寄来的录像带中有一个非常著名的场景，那就是亚力克·鲍德温获得奥斯卡提名的场景。这里引用这句话不

[1] 布莱克（Blake）是1992拍摄的电影《大亨游戏》（Glengarry Clen Ross）中的角色，由亚力克·鲍德温（Alec Baldwin）饰演。——译者注

是为了说明你必须使用"成交"白板，用它一锤定音。我们只是想以这句话提醒你，在销售流程中总有这么一个时间点，你必须进行收尾工作，并询问客户的购买意向。

"成交"白板经常是被用在给最终决策制定者的演示中，主要用来概述前面白板的突出要点，因为这些白板所拥有的信息或影响力通常都比较低。在使用"成交"白板之前，你必须确定已经进行过必要的调查（背景调查等），确定存在对你有利的竞争优势以及达成初步的财务协议。当然，你必须注意到这种白板不是必需的，尤其是当你在销售流程早期阶段就与买家达成合作意向的时候。

有很多成功结束交易的方法，但就"成交"白板而言，我们没有什么特别的具体的办法。以下列举其中的三种方法。

1. 假设式成交法。

（a）"我在想当你的竞争对手听到这个的时候会怎么想。"

（b）"你想让我们在负责冷路货运的同时也负责生产源头吗？"

（c）"我们何时能够开始正式合作？"

2. 选择式成交法。

（a）"你想要只有温度可控技术的货车还是要既有温度可控技术又有环保冷藏技术的货车？"

（b）"我们是这周还是下周和贵公司的首席信息官见面并签署合作协议？"

（c）"我们应该和贵公司的哪一家现有供应商开始合作？"

3. 试探式成交法。

（a）"到目前为止，你喜欢我和你分享的内容吗？"

（b）"你觉得这个好吗？"

（c）"我们提供了一个非常引人注目的信息，你觉得如何吗？"

（d）"我有没有漏掉影响你做出决策的至关重要的因素？"

在顾问式销售的情境下，尤其是在销售"企业级"的解决方案时，这些技巧可能没有效果。但通过呈现与潜在客户现状有关的事实，在已提供的信息上达成的共识，并通过使用视觉方式和提供给潜在客户详实的专业知识来巩固自己可靠顾问的地位，你就可以在成交时有所收获。当然，你可以使用任何你觉得有效的销售准则或者成交模型，但需要注意是，如果在事实和共识上出错，这对于致力于达成交易的白板销售方法来说是致命的。

一个优秀的"成交"白板是对之前讨论的几种白板的融合，它们是"为何改变"白板、"解决方案"白板、"竞争"白板以及最重要的"商业案例"白板。通常来说，"成交"白板包含的信息更少，遵循的是"为何改变，为何是现在，为何是我们"这种模板。让我们来看一个"成交"白板的示例，即"为何改变，为何是现在，为何是我们"白板，如图16—1所示。这一白板的每一个构成元素都在成交过程中扮演着重要的角色。

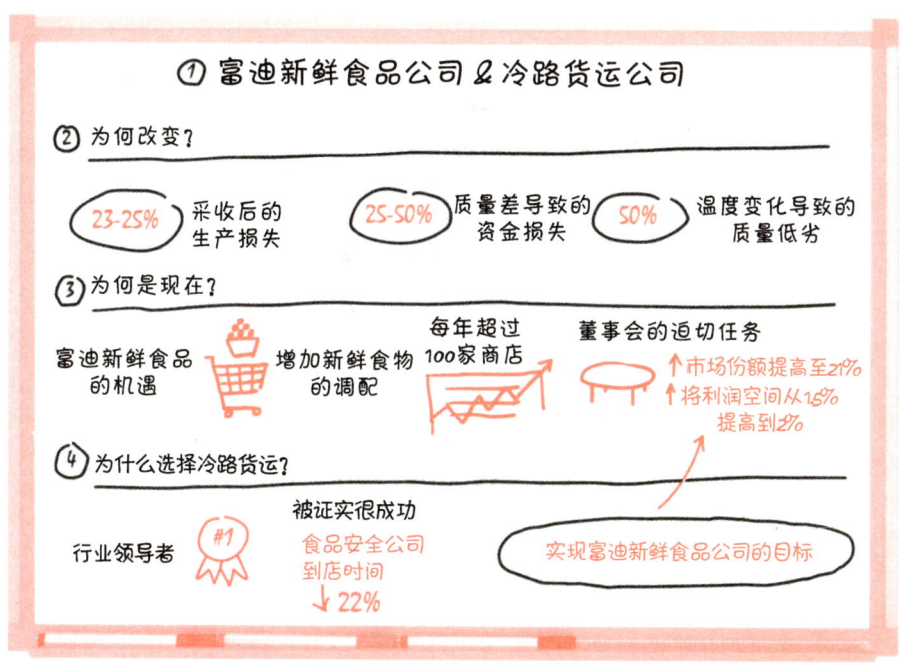

图16—1 "为何改变，为何是现在，为何是我们"白板

1. 白板标题依旧是潜在客户的名字和你公司的名字。将潜在客户的名字放在第一位可以将关注点聚焦在他们身上，也会让他们更加注意和你的公司合作之后，他们可以得到的好处。

2. "为何改变"部分是从"为何改变"白板那儿逐字搬过来的，让买家看到市场中与现状有关的事实是非常重要的。冷路货运的销售人员也可以在这里列举浆果类产品损失的收益，向买家提供损失的机会成本（lost opportunity cost）。这里，厌恶疼痛（aversion to pain）规则是主要的考虑因素。

3. "为何是现在"部分是根据富迪新鲜食品在商业模型方面的变化以及他们的战略目标而设定的，重点关注他们对机遇的迫切需要。这是个很好的机会，可以提醒买家在商业上必须要面对的当务之急是什么，目前为止发生了什么。你已经告诉富迪买家他们并不孤单，因为你已经帮他们分析了现状，意识到了他们损失的收入（为何改变），并把这一现状和富迪新鲜食品的战略目标和其他现状联系了起来（为何是现在）。

4. "为何是我们"部分就是要深入地总结之前的一切努力，将冷路货运定位在帮助富迪新鲜食品进行改变、实现战略目标的唯一最佳选择。在这里，呈现行业领导地位和举出被证实过的成功案例是最为重要的。你也可以引用对公司做的调查结果来证实一些数据，比如不断增加的利润。如果需要的话，你可能要拿出"商业案例"白板，重新证实你所说的与可估量效益相关的言论。

练习：利用现有的潜在客户，搭建一块"为何改变，为何是现在，为何是我们"白板

备注

最后，你可能在想该如何陈述并概括这个白板从而成交？你可以试试以下的话：

和你的团队合作建立了一个商业案例，证实了富迪新鲜食品以及冷路货运可以协同合作，来传递独特的、可估量的商业价值，并积极地影响贵公司的最低收益，助你们实现战略目标。我们想要获得贵公司的业务，并希望您能在今天考虑批准我们的提议。这样，我们就可以在最短的时间内开始实现这些收益了。

练习

使用处于销售后期阶段的案例和139页的空白白板完成一个"为何改变，为何是现在，为何是我们"白板

另一个"成交"白板的例子（如图16—2所示）总结了主要的利益相关者和所有的销售流程。这个方法同样非常有效，因为它向买家证实，你已经在公司内广泛地撒网，已经向所有主要人员阐明了你的解决方案将如何满足他们的具体需求。这个白板体现了你的主要竞争优势，但你一定要注意避免提到具体功能的名字，并关注后续步骤，激励他人采取行动。

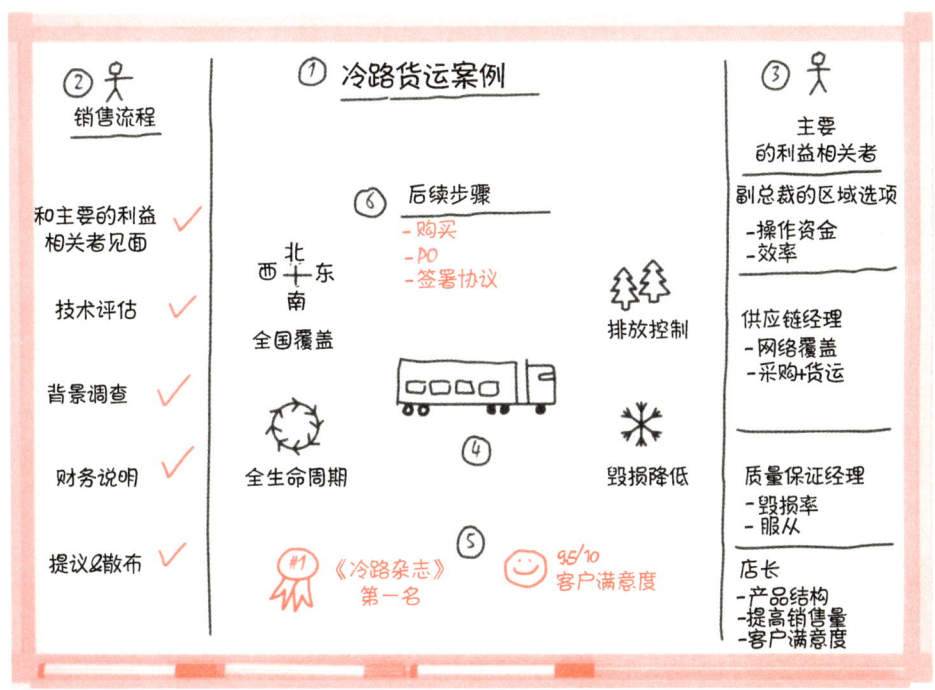

图 16—2 "成交"白板例 2

　　我们已经分享了不少白板模板。在第四部分中，我们将深入探讨你应该采取什么措施，以便能自如地使用其中的一种模板，能够在白板式销售准则的基础上构建白板以及设计最佳实践方案。

PART4

构建白板式销售

CHAPTER 17

你准备好白板式销售了吗

在设计有效的销售工具时，大型企业面临的一个重大挑战是如何让销售、市场、培训以及其他内容开发者达成共识。从我在大型企业和新兴企业中管理市场团队的经验来看，和他人合作建立视觉销售，亦称白板式销售，其实就是在号召动员，目的是聚集不同功能团队并促使他们在消息传递和如何沟通方面达成共识。白板式销售不仅是一种向现有客户和潜在客户传递价值的出色方式，它还能让不同机构走到一起，开展合作。

布莱恩·贝尔（Brian Bell），祖睿公司（Zuora）市场总监

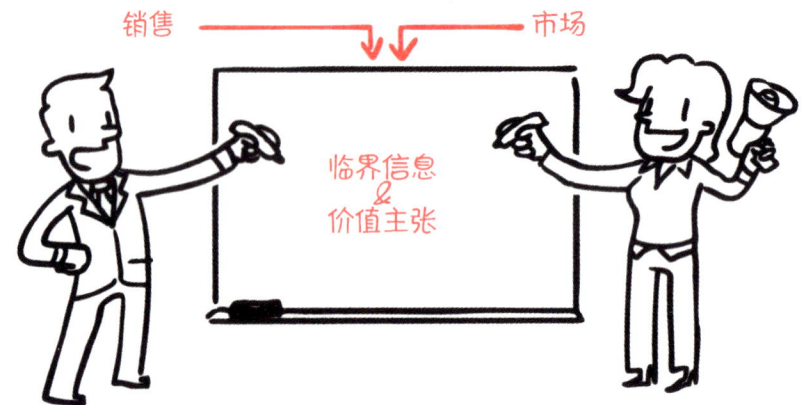

在学习了所有白板类型以及完成我们希望你完成的练习之后，你可能会对自己说："我已经搭建了一些很棒的白板模板，现在我可以开始对客户进行白板演示了。"你可以随意去尝试一些创意，但如果你真的想要改变销售文化的话，那么在你的销售团队展示这些白板之前，你还有很长一段路要走。

根据你所扮演的不同角色，以下是关于后续步骤的一些指南。

个体销售人员

首先，确保你已经完成了前几章中的一些练习，创建了一些白板模板的定制化例子。然后以一个具体的现有客户或者潜在客户模拟这些例子，这些客户可以是来自你现在想渗透或者已达成交易公司的客户。在后面的部分中，我们将讨论一些最佳的实践方式，告诉你如何学着为销售活动呈现一个完整的白板。如果你急着想要尝试白板创意，你可以随意跳跃到某一步骤。但是，在使用这些新的销售工具，吸引潜在客户注意力之前，你要事先和你的同事或者现有客户一起检验这些销售工具，以获得他们反馈的信息。

警示：如果你发现你的白板很有效，并且决定以扫描图像或照片的形式保存这些白板并把它分发出去，那么你必须意识到你很有可能会与营销团队或主管人员发生冲突，因为你在白板中提到的核心信息，这些人可能还没有批准同意。市场趋势、典型挑战、价值主张、竞争信息、个案研究以及其他白板构成元素可能没有体现出公司认可的原则。就像销售人员自己制作的幻灯片可能会引起信息拥有者的反对一样，"专案工作小组"白板如果被广泛散布出去也可能会起到"反冲"作用。

销售经理和主管

如果你的目标是创建高效的白板演示工具，来全面提升你的销售团队技能，那么你的工作才刚刚开始。在这本书中，你已经看到了几个高效的模板和内容设计。要知道白板设计经过努力通常最终会成为一种艺术作品，这恰好满足了销售渠道的需求。你想要将销售人员从幻灯片的魔爪中解救出来，那在很大程度上你将依赖与多功能团队的合作。你可能需要拿出一些具有日常营销功能的资源，以便让你的白板活灵活现。

销售团队支持

现在，你处在销售、市场、培训、产品、人事以及其他团队这一纷繁复杂的局面中。我们知道，白板创建不仅是支持团队采取的最具战略性的举措之一，还能在公司内部创造巨大的价值，缩小市场和销售之间的差距。但是，如果你需要像你的市场部同事一样，组建一个多功能团队，就要争取得到所有核心成员的认同。

销售领导和总监

当谈到销售转型时，白板创建只是整个谜团中的一个而已。要想成功进行销售转型，你角色的关键性可以用一个词来概括——领导力。我们见过的成功白板的创建都依赖于主管销售的领导以及他们对整个项目的推动。你必须确保所有团队成员的完全参与，并激发起他们的责任感，驱使每一个现场人员都能够学习并掌握销售流程。如果你真正想要确保销售团队以有效的方式进行白板演示，那么你就必须保证每一个销售人员都能在高压的模拟推销中完整呈现演示的内容，这个过程将是下一章的主题。

要想引导白板流程化的建立取得成功，还意味着你必须为即将到来的产品培训和其他会议分配好时间，并亲自进行有关白板知识的培训。你要确保培训现场的所有人员都能掌握白板的内容，并能在第二天呈现给现有客户和潜在客户。我们和大大小小的销售公司合作过，这些公司都在他们整个产品培训或其他销售过程中融入了白板学习和培训课程。对于白板的使用，他们有着战略性的眼光，他们希望通过白板能确保他们的销售团队变得更加高效。

为白板流程化的建立做好准备

我们平时很少用"建立流程化"这个词。开展白板演示不是一个"一锤子买卖"似的提议，而是一个循序渐进的过程。那些有效利用白板演示的公司很快就会发现他们自己能够在任何一个成熟的项目中，为所有的解决方案和新产品上市开展白板内容演示。如果你想要确保白板内容可重复使用并被采纳的话，那你就必须计划好整个过程并获得广泛的参与。这样才能建立真正的流程化。即便你已经具备了白板创建的最佳实践资格，缩短流程设计的步骤仍会最终导致展示的失败。

在为白板流程设计奠定基础时，有以下三大必经的步骤。

1. **就白板主题达成一致**。在你开始一个项目之前，对于第一块你想创建并配置内容的销售白板，你很有可能会有几个候选话题。毕竟，你读到了这里，就一定有你的理由！但是，在选择先创建哪一块白板之前，你需要回答下面的一些问题：在所有你想展开演示的销售白板中，你要从哪一块开始？这块白板适合讨论的层次是什么？谁是目标观众？谁负责传递白板内容？这些问题的答案是由你公司更高级别的商业和销售目标所驱动的。

2. **组建一个工作小组**。这是建立整个流程化过程中最重要、最关键的一步。工作小组中的某些人会对你的白板式销售的有效性给予很大的帮助。第一条中定义的白板目标和范围可以确定哪些主要利益相关者将成为小组的成员。

3. **盘点信息**。这不是创建信息的一项练习。信息已经存在，你可以在各种各样的幻灯片演示文档、Word 文档、销售工具、网络内容以及其他来源中找到。现在，工作小组需要辨别白板中应该包含哪些信息，并确保各种白板构成元素的分析也包含在内。

第 18、19、20 章将一一介绍这些关键步骤，确保你能够在开始设计白板前做好准备工作。

CHAPTER 18

为你的白板选择合适的主题

如果你的目标是开始一个正规的白板设计项目，那么无疑你对设计的白板目标有了一定的想法。你可能拥有有限的资源，并且在工作小组组成之后，你要为小组投入时间和努力。因此，你必须慎重地为白板选择主题。主题将决定白板的类型和范围，并告诉你谁应该成为工作小组的成员，帮助确定你需要的材料和主要的白板构成元素，以及拟定项目的时间。

选择一个白板主题

幻灯片演示可以很快搭建起来，就像在真空中一样，然后分发给销售人员策略性地使用。白板则是一项需要精心构思的工作，它涉及到多功能团队，并需具备很高的可视性。往往首个白板候选主题可能并不符合销售团队的需求。因此当考虑白板的主题和目标时，你应该通过询问以下 10 个关键问题来检验你的假设是否成立。

1. 与客户面对面的沟通能以"电梯游说"（celewator pitch）的方式持续进行吗？如果不能，这就清楚地表明，以较高级的"为何改变"白板作为演示的开端比较合适。

2. 销售人员是否将销售周期建立在不适时宜的机遇之上？"发现和甄别机会"白板能帮助现场人员更好地区分哪个机遇更值得投资，哪个机遇更值得开展销售周期。

3. 销售机遇是否会因为"不决定"或"安于现状"逐渐流失？如果是这样，"为何改变"白板将激发你的客户的购买意愿。

4. 公司的近期利润目标是否在很大程度上是由一个特定的解决方案或产品所决定？如果是这样的话，"解决方案"白板将受到主管和销售领导的青睐。

5. 是否有一些解决方案或产品是能够为销售人员带来奖励的？如果白板的内容能帮助销售代表完成更多解决方案订单，并且一旦完成这些业务，他们将得到更高的佣金，或者更多的信贷权力。这种情况下，销售人员对白板的理解会更加容易。

6. 现在，高利润、有潜能的解决方案和产品在销售中是否被低估？如果是这样的话，白板就可以为这些没有得到公正开发的产品和解决方案提高知名度，并为其开通或拓宽利润渠道。

7. 你的销售机构正在追求新的垂直市场吗？或者你有一个垂直销售联盟的销售机构吗？在特定垂直销售市场的背景下，专门讨论一下"解决方案价值"白板将实现这种联盟。

8. 对于合并或收购的根本原因，你的销售团队或者客户都不清楚？这时，白板就可以得到有效应用，告诉销售人员及客户合并、收购或合伙将如何对商业赋予全新的意义以及如何让最终客户受益。

9. 是否有很多新雇员已经加入或者即将加入你的公司？我们和很多公司合作过，这些公司的新员工培训上都有培训指导师，而他们无一例外地将白板演示作为培训的中流砥柱。

10. 是否有某一特定的竞争对手正在侵蚀你的市场份额，或者一次又一次地在你的销售机遇中出现？在第13章中，我们介绍了很多"竞争"白板，对于在竞争激烈的市场中销售高价解决方案的销售人员来说，这些白板是非常受欢迎的。

以上所有这些选项都适用于确定白板的主题，那么你如何决定从何处开始呢？你可以假设销售人员在任何一个选项中都能收获颇丰。最简单的方法是利用网络调查问卷对你的销售团队进行调查，你的公司可能已经拥有这样的许可去进行这样的调查。

以下是关于调查的一些建议。

1. 与幻灯片相比，你更想看在客户面前如何展开白板内容吗？（想 / 不想）

2. 在白板设计时，你更趋向于涵盖哪些主题？（选择 3 个）

（a）解决方案 A；

（b）解决方案 B；

（c）解决方案 C；

（d）竞争对手 A；

（e）竞争对手 B；

（f）竞争对手 C；

（g）电梯游说；

（h）等等。

3. 你还希望看到白板中涵盖哪些主题？（自由回答）

4. 最近，在销售中你有用到任何白板示例吗？如果用到，能请你发送一份视频、照片、或者原理图到我的邮箱吗？

　　问题 1 可以提供宝贵的数据，获得主管对白板项目以及流程化建立的支持。问题 4 能帮助鉴定那些视线之外的现成白板，这可能会给你的演示成果提供宝贵的信息。

CHAPTER 19

组建一个工作小组

生活中几乎没有什么事情比一组人写一句话更低效的了。但这一做法的唯一优势在于，最终受责备的不是你一个人。

斯科特·亚当斯（Scott Adams），卡通人物呆伯特（Dilbert）的创始人

制定白板流程化的工作小组与其他市场、销售信息传递项目的工作小组相比，在目的和组成上都完全不同。

建立白板流程化作为一项新型独特的演示机制能够激发销售人员的激情。由此而组成的工作小组，其成员来自公司所有的团队，尤其是销售团队。销售推动了白板流程化的建立（有些情况下还为其买单）。这就促使销售主管愿意让主要成员投入时间和资源来参与白板流程化的建立，并确保白板能满足现场人员的需要。

即便白板项目由市场部资助，但是销售部仍然非常感兴趣，并想要参加。这就是白板项目能有效衔接市场部和销售部的原因。白板项目将市场部所做的出色工作整合起来。最终，销售部和市场部之间的消息传递形式和模板都能够深深地吸引销售人员，使得销售人员想要以更佳的方式吸引现有客户和潜在客户，这便是白板流程化建立的结果。

不可否认的是，白板项目在公司中有着更强的吸引力，通常来说也比较容易招录到工作小组成员。

工作小组的主要职责

以下是工作小组的主要职责：

1. 定义白板范围；

2. 收集并确认需要演示的白板包含的核心信息；

3. 推动白板的设计过程，并完全参与这一过程；

4. 从主要的利益相关者或主要人员那里收集信息；

5. 为白板培训活动提供培训师和参与者。

至于工作小组成员的时间付出，那就要根据项目的时间框架而定，一般是从四到五个星期中抽出 8 个小时的时间。在招录工作小组成员的时候，说清这一点是非常重要的。你要强调这一角色的低接触性。你不能分散销售资源，因为他们的主要责任是实现销售指标，创造收入。

谁应该成为工作小组的成员

那么，到底谁才能成为白板项目工作小组的成员呢？

关于工作小组，我们见过形形色色的组合和性格搭配。大多数的成员构成方式主要取决于公司的规模。小型的、处于初创阶段的公司会把C级主管和公司创始人作为工作小组的成员，但即便是那些拥有数千人销售团队的公司，我们也经常能看到副总级别的市场和销售主管成为工作小组的成员。

另一个决定工作小组成员构成的因素是第 19 章中讨论到的白板的目标和主题。一旦你敲定了白板目标和主题，那么选择工作小组成员就成了一个非常自然而然的过程。

对于更高级别的企业内容演示，高级主管会想要参与进来，这是因为他要确保内容的正确性，并且他在整个项目中拥有股份。职位较高的人员通常不想参加低端的白板项目，反而更加专注于"解决方案或者产品"的白板以及"竞争"白板。当然，由于企业文化的不同，有时也有例外。我们曾和一家 500 强的公司合作过，并设计了几块白板，他们的工作小组成员几乎都是副总级别的关键人物，对项目的结果有着狂热的兴趣。另外，该公司的首席执行官也要求随着项目的进行，小组要定期向他汇报最新进展。

那么，一个工作小组的规模应该有多大呢？既不少于 5 人，又不超过 8 人。如果成员人数太少，就会缺乏不同的意见，主要支持者也会不够。但是，如果工作小组的规模增加一倍，那么就会出现"人多反倒误事"这一问题。

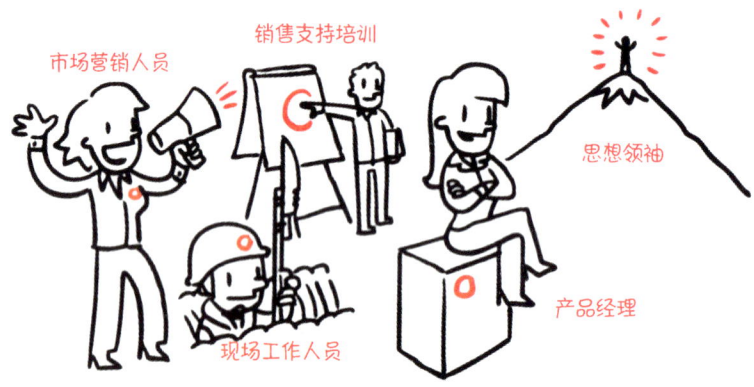

1. 市场营销人员（两到四人）

（a）解决方案营销经理

（b）产品营销经理

（c）产品营销总监

（d）具有竞争力的情报分析人员和经理

2. 现场工作人员（两到三人）

（a）高级客户经理（享有终身职位的资深人员）

（b）高级售前顾问和工程师

（c）销售经理或主管

3. 销售支持或培训

4. 产品经理（可选：一人）

（a）产品经理

（b）产品管理总监

5. 狂热鼓吹者和思想领袖

最后这一组是"关键人员"，很多情况下，这些人无法恰当地被归入其他四个分组。找到这些有着重要影响力的人并邀请他们参与到工作小组中，却是非常重要的。

产品经理被标记为"可选"，那是因为他们相信市场部的同事能代表他们的需求（希望是这样）。

小结： 如果你还在犹豫谁应该成为工作小组的成员参与白板设计项目，你只要确保任何一位信息拥有者，即那些在为你的公司建立关键的公司信息、解决方案信息甚至产品信息中扮演重要角色的主要人员，都受邀并参与进来。

谁不应该成为工作小组的成员

这个问题的答案很简单。如果你邀请了某些人，但他们却回答太忙，无法在四到五周中抽出 8 到 10 个小时的时间，那么这些人就不应该成为小组成员。你最不想看到的情况就是虽然有些人报名参加，结果却从来不出现在主要的工作会议上。

当然，还有处于外围的人，比如现场人员和主管，虽然他们不是工作小组的主要成

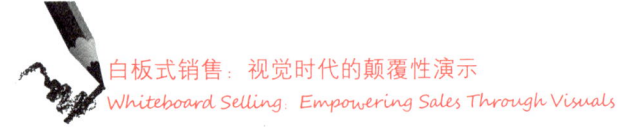

员，但是他们的参与和支持也是你需要的。在后面的部分中，我们将讨论具体的方式，让你能够得到他们的信息和想法以及对项目的支持。

练习

当你已经确定了白板主题后，参照上文例子中的职位，写下一些工作小组候选人的名字。

你已经组建了工作小组，那么接下来该做什么呢？你即将开展设计过程中最重要的部分——选择用来烘焙白板蛋糕的原料。

CHAPTER 20

盘点信息

你已经确定好了一个白板主题并组建了你的工作小组，这就好比你有了菜单、厨师团队，现在你需要的就是准备上等的原料。你不能只跑到角落里的杂货商店，而应该去美食店寻找主要的原料。

与我们合作的绝大多数机构在信息传递上都非常高效。要知道，设计白板和种植大豆不一样，它更像是将大豆制作成酱油的过程，或是从原油中提炼出汽油的过程（我们不应该做这样的比喻⋯⋯还是坚持用食物来比喻⋯⋯橄榄油出自橄榄⋯⋯葡萄酒出自葡萄）。

但是，在很多情况下，信息是在不断变化的，而不是静止不动的。类似情况经常在公司品牌重塑或者消息再传递的环节中发生。由于工作小组本质上是多功能的（包括销售、市场、培训等），白板设计流程其实就是一次阐明和加强公司特定信息的机会。当工作小组聚集在一起的时候，可能会产生意想不到的效果。最终的结果是，人们开始就公司主题、解决方案的价值传递以及竞争性定位达成一致。

内容要求

让我们来看看当所有原材料准备就绪，也就是信息传递稳定、成熟时会是什么样的情景。此时，你只需找到材料存放的通道，就可以将其从货架上拿下来。要求的内容种类将与白板范围以及相应的信息吻合。如果白板属于高级别的"为何改变"白板，那么你所需要的材料就非常广泛，要涵盖公司的所有解决方案和服务。关注一个具体解决方案或者产品种类（由行业、使用案例等提供的）的"解决方案"白板则更加细致，需要的内容相对来说较为狭窄。

★ 级别1原料　　　　　　　级别2原料

让我们仔细看一下，在工作小组的帮助下，你需要集合的六大信息。

1. 主要解决方案的销售和推广演示文稿（PPT 或者 PDF）。这些都是正式的销售演示文稿、执行简报平台以及其他得到完全批准的、面向客户的材料。最后的白板内容虽然不一定要和这些材料完全吻合，但至少应该反映并包含这些关键的主题和信息，这是非常重要的。白板设计的一大绝妙之处就在于如何将 25 张、30 张甚至 50 多张幻灯片演示文稿减少到只包含一些基本要素，呈现在"单片玻璃"上的图像，并让销售人员可以在 10 分钟或者更少的时间内进行演示。

2. Word 文档或者 Excel 数据表中所包含的产品或解决方案信息，可以包括在进行销售和推广演示之前所有组合起来的"消息地图"。

3. 销售脚本或者脚本文档。不管是否与具体的销售准则或者自有的销售准则相关，销售脚本或者销售移动（sales motion）工具都可能成为信息传递和组成白板其他内容的重要资源，甚至包括在互动对话中询问客户的关键问题等。

4. 争论卡片和备忘录。这些销售工具对于白板销售来说都是不可或缺的组成部分，因为它们为销售提供了小范围的讨论话题、高招以及更加深入的问题。一些公司在设计白板的同时，还努力搭建这些工具，因为同样的设计原则正在产生影响——即和客户产生共鸣、引导双向信息交流，产生易于消化和传播的"知识金块"（knowledge nugget）。

5. 竞争性文档（演示这档、Word 文档、PDF）。任何带有"竞争"字样的东西在设计过程中都证明是极其有用的，大多数白板都应该带有一些竞争性元素。

6. 现有的白板概念。白板最重要的一些组成元素是由销售人员和其他面向客户的人员所使用的视觉内容，并且这些内容是由公司内部成员自己开发的。尽早地辨别这些内容并将其在图板上串联起来，你会发现使用这些内容会带来巨大的成功，而且保密性高，不会透露给公司中的其他人。如果你能将这些白板示例和设计这些白板的人带入整个流程中，那么你就能有重要的代表性项目或者拥护者。

这只是白板关键成分内容来源的一小部分。你应根据白板的主题和范围，以及工作小组的指导，获得更多的信息来源。

CHAPTER 21

工作小组模板

旦你组建了工作小组，收集了主要的信息资源，那么工作小组的成员就该卷起袖子，把原材料制作成基本的白板美食了。在之前的部分中，我们已经分享了成品的示例，并且较为笼统地确定了一些关键的组成元素。在本章中，我们将仔细探讨每一个组成元素，并解释它们各自扮演的角色。

我们以工作小组模板作为开始。所谓的工作小组模板是一种结构化的文档，是为了确保白板设计项目中的每一个部分都被考虑在内。这种模板不仅包含了白板的组成元素，还包含了为你提供食物的对象、服务人员以及表扬你的"美食家"。

另外，这种模板还包括我们已经在之前的章节中提到过的元素，比如白板目标、级别以及范围。但是在本章中，我们将重点关注尚未探讨的组成元素。记住，这些白板的组成元素不一定都在同一时间全部运用于我们讨论过的所有白板类型中。你可以往回参考每一个例子，看看它们在哪些地方得到或没有得到应用。

以下就是工作小组模板的构成要素：

1. 白板发展目标；

2. 白板级别和范围；

3. 白板名称；

4. 目标完成日期；

5. 白板观众；

6. 分角色呈现；

7. 高级市场走向和主题；

8. 公司解决方案的独特能力；

9. 竞争性关注点和高招；

10. 关键参考和案例研究；

11. 第三方认证。

我们已经讨论过第 1 和 2 条，所以我们就从白板名称开始说起。

白板名称

每一个白板都应该有一个名称，这一名称可以在公司内部将这些白板区分开来。起一个能引人注意的或者容易记忆的名字能提高白板的关注度以及整体的白板创建水平。

比如说，与我们合作过的一家公司，他们将一块白板亲切地叫做"钻石宫格"，因为白板基本结构的形状很像一颗钻石，解决方案在中间，各种产品组成元素则以四个方面排列在四周。"钻石宫格"在开发完成并分发给销售团队之后就在公司中有了自己的生命，部分原因来自于其名字。它还在公司高管中产生了声望值，这些公司高管希望每一个人都能认可钻石宫格，这意味着这一白板将成为代表公司解决方案和服务的黄金标准。

由此，我们得到的启示是：创建一个容易记忆的名字能帮助你在白板演示上创造出品牌效应。另外，在白板中加入视觉图像可以为起有趣的名字提供灵感。

其他通用的白板名称示例：

- 【公司】故事白板
- 【公司】愿景白板
- 【解决方案】的销售价值
- 【公司 / 解决方案 / 产品】白板

目标完成日期

一般的白板设计过程大约需要五周时间。一种有效的实践方式就是从一项引人入胜的活动开始。这种活动可以是一个培训项目，即在这个项目中将白板介绍给销售团队。一般应确保大约一周的时间打印白板培训工具。但是，如果原消息内容非常全面、成熟，并且时间范围、资源以及其他工作量都能够得到保证，那么白板也可以在三周内完成。

白板观众

白板的观众是谁呢？在之前的章节中，我们提供了各种白板的示例，但是没有一种是专门为一类具体的观众设计的（除了"成交"白板，它的目标观众是高级别的买家）。举个例子，所有"解决方案"白板都应该设计成多层次的、覆盖从 C 级观众到经理的所有人员并能将其消化的白板。一般内容结构和白板流程要保持一致，可以改变的是内容的数量，当然在某些情况下也可以改变内容的性质。

当涉及到观众时，有两大因素决定了白板最终的样子：

1. 销售人员在潜在客户面前拥有的时间。时间越多，呈现的内容细节和数量也就越多，前提是整体的内容框架不要改变。

2. 观众的级别。如果你呈现的对象是忙碌的 C 级主管，那么不管白板的种类是什么，你都应该使用简短且内容较少的白板。

让我们来看一下埃默里尔·拉贾斯（Emeril Lagasse）为酒炖鸡肉所列的食谱：

半杯中筋面粉

1 勺精油

2 份（6 到 8 盎司）无骨、去皮、切成两半、切薄的鸡胸肉

1 勺橄榄油

4 勺黄油

3 杯切成薄片的蘑菇（克里米尼蘑菇 cremini，牡蛎，香菇）

3/4 杯马萨拉酒（Marsala wine）

1 杯清鸡汤

盐、刚刚研磨的黑胡椒

剁碎的香葱，作为配菜

在这一菜谱中，有很多配料和步骤。现在，让我们来看同样一道菜的简易菜谱：

1 勺黄油

6 份无骨去皮的鸡胸肉

1 罐（10.75 盎司）浓缩的金针菇汤

3/4 杯马萨拉酒

两份菜谱中有一些共同的配料（黄油、鸡肉、马萨拉酒），但是第二个例子中没了新鲜蘑菇、鸡汤、葱花，当然，也没了埃默里尔的精油！但第二种的好处是你可以只用埃默里尔三分之一的时间准备所有配料。白板也一样。白板结构和流程（与菜肴的整体演示效果）几乎都差不多，但是内容和细节的质量（配料、口感以及质地）则会千差万别。

角色分配

在你的公司中，谁（具体的职位）将负责向最终客户传递白板内容？这是由白板级别决定的。"为何改变"白板和高级的"解决方案"白板通常传递起来比较简单，而且传递者的范围也比较广泛，包括现场工作人员、渠道合作伙伴，甚至是高级主管。正如我们将在第 27 章中讨论的那样，现在，即便是内部的销售人员也可以通过使用远程白板技术，向客户呈现各种白板。

市场走向和主题

为了呈现一块白板，你必须拥有相关知识，这意味着你在白板演示中的定位是一名思想领袖和一名可靠顾问。但是，你不能把"解决方案"白板演示作为会议的开始，而应该证明你对与讨论相关的市场主要走向、主题以及挑战都了如指掌，并在此基础上与你的客户达成一致。

- 行业提供了哪些信息？

- 第三方分析师、贸易出版物或者排名公司正在讨论些什么？

- 你的竞争对手是如何架构市场的？

- 你的其他客户正在考虑什么？

你的潜在客户也有可能会使用这些渠道，他们参加贸易展览，浏览相关网站和同伴讨论等等。如果你想获得权力，继续进行信息交流或者和高级别的采购者继续推进销售的话，你必须充分了解这些走向和主题并对其有所把握。这些走向和主题也将帮助你确定在白板上应该强调哪一家公司，哪一个级别的解决方案信息。记住，如果一个销售人员能告知采购者一些他们原先不知道的事，那么信任就会急速增长。

公司/解决方案能力

这一消息传递模板中的一部分可能是最重要的。在白板上需强调公司或解决方案的主要能力是什么。这些能力需提供独特且可估量的价值，这种价值是其他竞争对手的解决方案无法提供的。这里，你要试着不去深入讨论产品或解决方案的特征和功能。

如果你参考那个我们用来论证白板示例的个案研究，你会发现冷路货运有很多竞争对手的解决方案所缺乏的独特能力。

全生命周期

冷路货运是唯一一家提供冷藏设备、跟踪监控、设备维护、紧急服务以及终端产品采购的全国性供应商。

专门的全程联系人

冷路货运是唯一一家为采购、运输、监控等所有环节提供专门的全程联系人的公司。

全国网络

冷路货运提供最大的温控中心和收集点网络，在 36 个州建有 118 个中心。

温度可控技术

竞争对手的冷冻控制系统是固定在半制成品上的，但冷路货运的温控单元则安装并完全融入运输设备中。

环保冷藏技术

冷路货运是唯一一家有能力控制危险化学气体和其他有毒合成物排放的冷藏货运公司。

公司/解决方案必须具备非此即彼的特征

这些能力和定义性特征都具有鲜明的对立性。你要么有，要么没有。你要么安装了温控系统，要么没安装。你要么有全国网络，要么没有。你要么能提供全生命周期的能力，要么只关注货运。

你要避免那些构成不了差异，甚至在白板讨论过程中会给销售团队带来麻烦的能力和特征。以下是一些相关示例。

1. 冷路货运的货车比竞争对手的货车工作起来更加顺畅，因此对货物造成的损坏也就更少。潜在客户的反应："真的吗？你如何衡量这一点？你有毁损方面的数据来与竞争对手的解决方案作比较吗？"换句话说，这是一个主观因素，并不具有鲜明的对立性，而且会引起彼此间的尴尬。这还是比较好的情况，最糟糕的是，整个销售周期都会被延迟。相反，你应该说环保冷藏技术是一项独特的技术，并将减少排放量和全国平均数进行对比。

2. 冷路货运公司的司机比竞争对手的司机更加训练有素。潜在客户的反应："真的吗？凭什么说他们训练有素，他们有什么更胜一筹的地方？你的竞争对手又是如何训练他们的司机的？"。

3. 冷路货运拥有行业中最新的货车。潜在客户的反应："真的吗？你有相关的支持数据吗？"。

相信你已经明白我们的意思了吧？你所选择在白板上呈现的特征应该以鲜明的对立、非此即彼的方式将你与竞争对手清晰地区分开来。比如，如果你知道竞争对手有全国性的网络，那么在白板上，你就不要强调这一点，因为这不会给你带来差异化优势。当我们与客户合作时，我们通常需要花费很多精力，辨别这些真正独特的因素。非此即彼原则不仅仅适用于白板，还适用于任何种类的市场或销售工具。不过，用白板演示的话，你就无法奢侈地演示30多张幻灯片，详细描绘所有的特征和功能了。你必须进行筛选，选出在有限的空间里，你应该讨论些什么内容。

练习

在一张空白纸上，画条线分成两栏，在右边一栏中，罗列一个关于你公司、产品或解决方案的差异化元素或特征；而在左边一栏中，列出带有主观判断的或无据可撑的事项。

竞争性关注点和高招

即便是基础的"解决方案"白板也应该包含竞争性元素。如果你正在针对一个具体的竞争对手设计"竞争"白板，那么你应该找出那个竞争对手特有的差异化优势和高招。在"典型方法竞争"白板的例子中，当与你提出的解决方案和服务所具备的独特价值和能力相比时，很多竞争对手都显示出了竞争力不足的问题。你通常可以在大多数市场和销售机构中找到这些数据，但你需要通过可靠的现场资源来证实每一项高招，确保这些高招仍然适用，并且是非此即彼、对立的、可以为其辩护的。

在"竞争"白板的情况下，二元对立原则存在着例外的情况。如果你进入市场的时间较晚，或者你的竞争对手实力强大，而且可能将与你的潜在客户进行深入的销售合作，此时你需要使用"竞争"白板以平衡竞争环境。你可以强调客户需要的，并且竞争供应商也能提供的能力，这样的话，你就赢得了继续竞争的权利。然后，你就可以利用独特、非此即彼的能力攻击对手的要害。

关键参考和个案研究

所有白板，不管级别和主题是什么，都必须有证据。你应该展示你的公司和解决方案成功得到贯彻实施的例子，尤其是著名品牌企业对你公司和解决方案的认可。关键参考和个案研究经常是其中最重要的内容需求，你可以从市场小组或销售人员那里直接得到这些信息。但确保你在获得允许后才使用客户的名字。如果你没有得到允许，那么你就需要转弯抹角地提及，比如"总部位于芝加哥的大型食物连锁店"。

如果可以的话，使用得到证明的、可估量的成功信息，比如"提高 25% 的利润"，或者"运营成本减少了 50%"，再或者"减少了 2 小时的执行时间。"例如，在我们的个案研究中，冷路货运的客户——食品安全公司，减少了 22% 的"到店时间"这一运送标准，比起说"食品安全公司减少了运送时间"而言，提高可估量的好处会具有优越性。

以个案研究和参考作为开始也不失为一种很棒的方法，你可以展开一段白板对话，因为这在更进一步信息交流之前，能激起潜在客户的兴趣。

第三方认证

和验证过的成功案例一样重要的是第三方对你公司的认可。第三方包括检验、认可、奖励或者证实你的公司和解决方案的行业分析公司、杰出人物或者其他种类的第三方。这些认可是对参考和个案研究的补充，也是众多内容中重要的验证点。如果回想一下，你就能记起冷路货运最近获得了《冷路杂志》评选的第一名，以及入选"冷藏道路排行榜"。

那么现在，你已经有了配料，并准备好烘烤你的蛋糕了。但是，你仍然需要知道关于如何混合这些配料的说明。我们将在下一章"白板设计正规化"中讨论这一点。

CHAPTER 22

白板设计正规化

最愚蠢的错误是将设计当做整个过程的收尾工作，用来"收拾"残局，而不将其理解为"第一天"就应该处理的事或是每件事中必不可少的部分。

汤姆·彼得斯（Tom Peters）

汤姆·彼得斯的观点非常具有教育意义，因为这句话说出了这本书中很多白板结构的设计重点。彼得斯所说的"第一天应该处理的事"是设计的元素，和现有的市场走向和主题以及客户的挑战和业务难题都是相呼应的，与你的解决方案或服务则毫不相干。这种设计要点还使得讨论受到客户的情境化影响。

你已成功将白板项目所需的资源（内容和人力）准备就绪。现在，你应该将白板设计正规化。如果你已经在前面的章节中完成了所有练习，那么将那些工作和一些基础的

最佳设计实践结合起来就是一项非常简单的练习。

白板设计基础指南

首先，在设计销售白板内容的时候，我们建议你遵循一些指导原则。以下有 8 条指导原则可以用于"解决方案"白板。

1. 白板是单窗的视觉叙述。至少从我们的角度来说，销售白板和传统的故事白板不一样，它不会霸占不同的"油画布"，而是一个连贯的视觉图像。在特定的空间内讲述一个故事——在实实在在的白板上，或者在挂纸上，或者在餐厅饭桌上的垫纸一角上，或者任何一个绘画表面上。

2. 同样地，不要在呈现白板的时候擦除白板的组成成分，原因和上面第一条类似。当白板已经呈献给你的现有客户或潜在客户，你希望他们在白板旁边写下"记下"或"不要擦掉"这些字样吗？还是你离开了之后，任何一个走进办公室或者会议室的人都可以一睹白板的图像，并且能非常清晰地理解你想要传达的内容。一边演讲一边擦拭白板元素就好像在撕掉书中的章节一样。

3. 一般来讲，一块白板分成 6 到 12 个步骤，每一个步骤就相当于图书的一个章节。每一步都应该阐明一个具体的故事。比如，"市场走向和主题"将拥有它自己特殊的步骤，就像"下一个步骤和行为"也有自己的步骤一样。

4. 一块有效的"解决方案"白板在视觉上呈现的字数不应该超过 75 个。

5. 白板包含的不应该只是文字，因此，我们建议以简单绘画或者图解的形式提供一些"华而不实的东西"。第三部分中提供的白板模板就是很好的例子。一个设计精良的白板应该包括不少于 5 个，但不多于 10 到 12 个视觉元素（不包括直线、圆圈以及其他基础图形）。

6. 每一个白板步骤的脚本文字应该不超过 400 个字，在不受打断的情况下，应该在 1 到 1.5 分钟内呈现完毕。

7. 每一个白板步骤都应该至少包含一个要问的问题或对一个反对意见的重新定义（查看第 23 章以获取更多细致内容）。

8. 有效的白板可以用一种颜色（通常推荐的是黑色或蓝色）进行演示，但是使用多种颜色会更加吸引人。比如，本书中的白板例子通常是用黑色架构讨论，描述解决方案；用红色描绘客户面临的挑战以及在竞争上存在的弱势。四色组合是非常有效的方式：

（a）黑色架构讨论。

（b）红色描绘业务挑战或者在竞争上存在的限制。

（c）绿色代表你的解决方案。

（d）蓝色用以陈述参考、轶事奇闻、以及第三方认证。

四色的优势在于，白板画完之后，第一次看到这块白板的人根据使用的颜色，就能非常清晰地理解陈述的内容。

关于颜色需要注意的另一个点是，当你的白板一步一步进行演示时，确保你的设计不会在每一步中变化颜色，否则销售人员在呈现白板的时候将变得更困难，白板的培训过程也将变得更复杂。

练习

选择第21章中你设计的两到三个白板，在空白纸上重新画白板，记住上文中提到的设计指导原则，并使用合适的颜色。还记得高中时候你使用过的比克牌（Bic）四色圆珠笔吗？你知道吗，比克公司仍然在生产这样的笔，所以，去逛一下附近的办公用品商店，买几支这样的笔，因为它们在设计白板原型时能起到非常棒的作用。

CHAPTER 23

包装你的白板

旦你有了自己中意的白板设计，或者有了和我们讨论过的白板类型一一吻合的白板集锦，那么是时候将你的白板"产品化"了，好让现场人员和其他在业务过程中传递白板的人员将其消化。你已经写下了和第 22 章中描述的每一个白板步骤相吻合的脚本，但仍然有以下五个步骤可以让你的白板为销售做好进一步的准备：

1. 创建专业的视觉图像；

2. 添加需要询问的关键问题；

3. 添加对反对意见的重新定义；

4. 将白板打包进销售工具中；

5. 录制白板视频和动画。

让我们来详细看一下如何实施每一个步骤。

创建专业的视觉图像

图标库、设计模板以及专业的白板设计软件能够处理内容，创建出白板销售工具，从而使我们从中获益，但是，自己动手仍然能为你的白板添加高生产价值，这是无法逾越的。PowerPoint 就是一个理想化的平台，可以呈现你的白板文字和图解。装有 Windows 系统的笔记本电脑或写字板里只要有 PowerPoint 2010 版或更新的版本，就能利用画笔注释功能，即便电脑中没有文字功能系统，你也可以使用"笔"（Pens）快捷工具栏中的命令，用鼠标画出注释。以下是六个步骤：

1. 右键单击快捷工具栏（位于功能区上面或者下面），选择"自定义快速访问工具栏"；

2. 在"幻灯片选项"对话框的"选择命令"中选择"所有命令"；

3. 往下滚动到"笔"命令；

4. 点击"添加"按钮，将"笔"命令添加到你的命令列表中；

5. 一旦"笔"命令出现在快捷工具栏中，那么点击之后你就可以选择笔的颜色和宽度；

6. 用鼠标画出你要的形状，注意，你可以使用"反锯齿"特征使锯齿状的线条变得平滑。

当然，你不一定只使用 PowerPoint，熟悉专业设计软件的美术设计师也可以用数位板画出图像和其他视觉图片。关键是保持白板的视觉绘画风格，并尽量设计得简单，便于销售人员在没有大量练习的情况下也能画出这个图像。

添加需要询问的关键问题

正如前几章提到的那样，为销售白板注入互动性是非常关键的，这是为了促进双向的信息沟通。做到这一点，最有效的方式是在白板对话的每一步，写下销售人员可以询问的问题。让我们看一下这些问题如何才能与我们在第12章中提到的"现状与未来为何改变"白板例子结合起来。

当白板呈现"为何改变"部分的时候，销售人员可以询问客户以下的问题：

"由于货运的延误，你的产品结构在哪些方面毁损最严重和利润损失最大？"

"运输过程中的温度变化如何影响毁损率？"

你会注意到，我们总是尝试避免回答是或不是的问题，因为这样的问题可能会让潜在客户阻碍讨论的顺利进行。使用开放式问题也同样能发人深省，并能让客户思考一些他们还没想到的问题。

在"为何是现在"的部分中，关键问题可以是：

"将新鲜食物从农场运输到商店时，除了整车货运之外，你还考虑过哪些运输方式？"

这样的问题可以让你的客户思考对你有利的替代选项。在这个例子中，冷路货运的核心竞争力就是零担货运，因为这能减少毁损率，缩短到商店的时间。

关于客户验证点的讨论，可以问的问题是："与传统的运输解决方案相比，我们的客户见证了运输时间的缩短以及毁损率的降低。如果和他们取得联系对你的评估过程能起到帮助吗？"在这种情况下，是或不是问题则是合适的，因为它是一个与提出的行动项直接相关的问题。

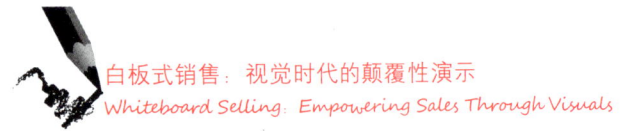
添加对反对意见的重新定义

在任何销售演示或讨论的过程中，无论是使用幻灯片、白板或是在吃饭的时候和你的潜在客户坐在一起，你总会听到反对意见。久经沙场的销售人员总是知道如何处理最难的反对意见。新雇员和经验尚少的销售人员则通过培训，结合白板销售工具和反对意见处理技巧促进白板对话。有效地处理反对意见可以帮助你建立起可靠的顾问地位。

看一下"现状与未来为何改变"白板中的"为何是现在"部分，典型的反对意见可能是：

我们的运输操作可能不是最有效的，但毕竟它们已经实行了很多年，转换成零担货运的方法可能潜在破坏的风险。

合适的重新定义可以是：

您的担忧是合理的，在我们帮助他们接受更加高效的模型之前，食品安全公司也曾经有着类似的担忧。我们有得到证实的过渡计划模型，可以让您在不被打断的情况下，逐渐从整车货运的模式向零担货运的模式过渡。你将看到的是逐渐减少的毁损率。

练习

利用你之前组建的"现状与未来为何改变"白板例子，为白板的四个提议一一想出两个问题以及两个对反对意见的重新定义。

将白板打包进销售工具中

现在，白板中的每一个步骤、章节、脚本、要问的问题，以及对反对意见的重新定义都应该配有各自专业的白板视觉图像。此时你的销售工具也应该包含这些白板元素，并且确保销售人员能够消化和学习你的白板。你可以使用任何微软办公软件或者 Adobe 产品，和你极富创造力的团队合作，通过白板设计和指导，将一切都整合起来。这些工具应该具有可操作性，并在销售人员练习白板时供他们使用。如果可能的话，这些工具还应该和那些分发给销售人员的其他销售工具或资料的品牌、颜色、字体的指导方针相吻合。另外，白板工具还应该被印刷在厚纸上或制成薄卡片，而不应该只是用彩色打印在普通白纸上。

同样重要的是，你还要注意只有销售人员才可以使用白板工具，在白板培训之前、之中、之后白板的内容，现有客户和潜在客户这些外界人员都不能使用。

录制白板视频

除了呈现销售白板工具之外，你还可以考虑为主题专家演示的白板进行视频录制。你还可以录制自己的，通过运用数码技术（将在第 27 章中有所讨论）和各种屏幕呈现绘制白板的过程。

这些视频可以成为现有销售人员最佳的培训工具，对于新雇员来说尤其珍贵。它们还可以成为网上学习模板的一部分，甚至可以在销路拓展和其他项目中，作为外部的、面向客户的市场推广资源。

如果你想录制自己或者别人呈现白板的视频，那么以下是一些具体的指导方针，可以确保视频的专业性和适于发布。即便你有专业的团队或者演播室，这17个指导方针仍然非常有用。

1. 任何便宜的高清摄像机都可以办到，甚至架在三脚架上的 Flip 视频输入设备也可以。要确保其内存空间足够，你可以通过使用外部 SD 卡来确保足够空间。

2. 在一间安静、灯光照明良好的会议室里，并在会议桌不超过五尺的范围内找到一块能全尺寸显示的白板（固定在墙上或者独立式的）。

3. 不要穿条纹或者纯黑色衣服——最好穿大地色或者蓝色的衣服。

4. 利用支架，找好正对面的摄影或照相角度，尝试不同角度以减少阴影。

5. 与白板垂直站立。

6. 用你的黑色马克笔在绘画表面的四个角上分别标记四个淡淡的点，确保白板的绘画部分位于摄像机的取景范围之内。

7. 如果可行的话，避免在摄像机的取景范围内出现白板边框或者金属边框。

8. 在你的身后放一把椅子，这样你就不会走出摄像机的取景范围了。

9. 在你的双脚前面放置一卷胶带、一个水瓶或者其他东西，提醒你处在摄像机的取景范围内。

10. 将视频质量设置为 720p。

11. 尝试不同的声音设置，以产出最佳的音质（你可以选择使用领夹式麦克风，以有线或无线的方式连接到摄影机上）。

12. 录制和每个白板步骤相关的片段，每一步录制完都暂停一下；必要的话重新录制某些步骤；将每个片段标记为"片段 X，选择 X"。

13. 你可以时不时地参考白板销售工具，确保严格按照白板演示的结构、流程以及内容（图解等）进行。不过，你不必记忆白板文本，而且我们也不鼓励这样做。在进行白板演示时，你想要证明的是演示者如何使用自己的语言和演示风格，这一点才是最重要的。

14. 重要提醒：在重新录制一个步骤的时候，你要擦拭的是只有这个步骤书写的内容。如果你擦掉了之前步骤中书写的内容，那么你就需要全部重新进行拍摄。

15. 边写边说（然后转向摄影机，对话题进行详细阐释）。

16. 在使用的过程中，将笔盖套在马克笔上，避免风干。

17. 工整的字体是非常有帮助的，降低 5% 到 10% 的书写速度会产生奇妙的效果。

练习

在同事的帮助下，找到一间会议室，录制你自己呈现白板的视频。

PART5

让白板演示成为可能

CHAPTER 24

白板效果测试

让我们通过以下六个步骤简要地重述一下到目前为止的进程。

1. 现在你已经相信，比起幻灯片，视觉演讲是和现有客户、潜在客户进行双向沟通、建立信任、传达独特价值的更好方式（如果不是这样的话，请回到第一和第二部分重新阅读，或者放下这本书吧）。

2. 你对所有白板类型已经很熟悉（如果不，请回到第三部分）。

3. 一个成功白板项目所需的资源（内容和人力），你已经准备就绪。

4. 你已经确认了现有的信息，并且运用工作小组模板使其成为白板演示必不可少的组成元素。

5. 为了确保你的演示能一目了然，实现当初你确立的白板目标，你大约花了一个月的时间和你的工作小组一起反复演示。你得到了公司高层和利益相关者的认可，你的白板讲述的观点与他们对公司首要战略目标相一致。

6. 你已经设计并包装了前几章中呈现的一种或多种白板，甚至可能将你自己或者同事演示过程录成了视频。

那么接下来要做什么呢？你似乎应该展开白板工具和视频，开始正规的支持项目，培训销售人员如何以一种自信、引人入胜、始终如一的方式向潜在客户和现有客户演示白板。哎呀，别着急！

开始设计后的第六个星期，我们关闭了"发动机"，转向检测白板的效果。

奥维尔·莱特（Orville Wright）

关于奥维尔·莱特的这句话，最重要的、更具指导意义的是设计和反复演习一块白板，配齐图像、文字、要问的问题、反对意见以及如何重构这些因素就要花费四到六个星期。但是，在全面支持项目完成、包装、和发布白板之前，测验白板的效果也是至关重要的一步。

不管你在公司中扮演的角色是什么，你需要在以下四个关键支持者面前检验你的白板效果。他们分别是：

1. 可信赖的合作伙伴；

2. 现有客户；

3. 其他第三方或者市场分析师；

4. 销售人员。

进行这一焦点测试的顺序也是至关重要的。

1. **可信赖的合作伙伴**。其中包括中间商、隶属机构或者其他紧密相关，能代表你公司、解决方案和服务的个人和实体。有时候，这些人比你公司自己的销售人员还要更加了解你的解决方案，而且，他们对客户购买标准、市场走向以及你的独特优势都有着独到的见解。事实上，一些与我们合作的客户还包括参与工作小组的商业合作伙伴，尽管这只是例外而不是常态。但至少在设计过程中，合作伙伴是会通过一小时的远程网络会议或者其他非正式会议向你提供信息的，他们这样做是为了确保你在白板设计、关键主题和内容上不走弯路。合作伙伴就白板的传递性是坦诚的，他们将帮助你调整设计因素，改写脚本。可以通过面对面的交流，也可以通过远程交流获得合作伙伴的反馈。

2. **现有客户**。一旦你已经吸收了商业合作伙伴的建议并做出相应的改变，那么你就能以非正式的方式将白板呈现给你认为会提供反馈的诚实可靠的现有客户。最好是面对面地将白板呈现，因为这样不仅可以让你获得他的反馈，也让你有机会增加与客户的会面时间，促成可能的交叉销售 (cross—sell) 或者追加销售（up—sell）。根据我们的经验，现有客户在白板的主要市场走向、典型挑战和独特优势方面，将提供最为有用的信息。另外，他们还能在典型反对意见和关键问题方面提供指导。我们几乎没有发现过客户会完全否决一块白板的设计结构和演示流程。相反，更常见的情况是，除了为你现有的白板提供有效的建议修改之外，他们还会为其他的白板主题和种类提供建议，你可以将这些运用到将来的白板设计计划中。

3. **其他第三方和市场分析师**。根据销售的解决方案和服务的种类以及你的行业，你的公司可能会订购分析公司或者其他第三方评级公司（ratings organization）的服务。这样，你就有机会接触这些公司的专家。在这种情况下，你可以选择在他们面前进行白板演示，就像你会在开发的过程中演示销售情况和市场信息一样。在很多情况下，分析师通常是介入到信息创建的过程中，这个过程通常出现在白板设计之前，因此，从内容的角度来看，他们很可能没有太大的反对意见。但是记住，很多市场分析师有着自己独特的见解和强烈的主张，他们可能会建议你的白板采取完全不同的方法。对这些反馈意见，你要持保留态度，因为你的白板已经经历了很多焦点测试。你寻找的反馈信息应该和客户提出的反馈信息类似。最重要的是，你寻找的是对白板信息传递、主题、演示流程、以及其他组成元素有效的回应。

4. **销售人员**。现在，你已经从合作伙伴、可信赖客户以及某些第三方分析师和其他公司那儿获得了要添加或改变的信息（证实并且吸收了他们建议的改变或者添加项目），那么你现在处于非常有利的位置，可以对 8 到 12 名销售人员进行小范围的白板培训。你的测试计划将准确反映你的白板获得的支持度，我们将在下一章中集中讨论这一点。

练习

使用你之前组合的一个白板例子，在至少一位可信赖商业合作伙伴和一位现有客户面前检测你的白板。记录他们的反馈，在将这些反馈体现在白板设计和内容上之前，和你的工作小组分享这些结果，获得他们的反馈和支持信息。

CHAPTER 25

销售支持选项

白板销售方法所提供的销售培训和支持模型和我见过的不太一样。大多数销售培训方法重视过程，轻视在销售过程中向现有客户和潜在客户传递解决方案价值的方式。另外，白板销售关注的是如何通过交互式的视觉演示，开展自信、引人入胜的 C 级交流。这种销售支持的视觉演示方式非常理想化，能确保企业的销售人员是精英型的执行演讲者，这些人时刻准备着将企业消息传递变得意义重大，并且和竞争对手区分开来。

克里斯多夫·托马斯（Christopher Thomas）

组合国际电脑股份有限公司（CA Technologies）销售副总裁

旦白板测试结束，反馈信息也得到吸收，那么你现在就应该很自信地将白板培训推向实践。开发白板是重要的第一步，但如果就此停止，那么就会失去想通过一系列工具、技巧以及知识等关键元素提升销售人员在与现有客户和潜在客户合作时的自信心的初衷。只有从白板设计阶段开始直到白板全面启动时，才能看到投资回报率的产生。

白板启动和现场培训有很多种，但其最终的目的都具有双重性：第一个目的是使销售人员能掌握白板的内容、结构、流程、关键问题、反对意见以及如何再组织；第二个目的则是要引入在第六部分中即将要讨论到的白板基本技巧和最佳实践。掌握白板内容以及演示技巧将使销售人员有能力以自信的方式向现有客户或潜在客户呈现视觉演讲，并且展开交互性的信息交流。

要想让销售团队更加熟练地使用白板，这里有六大启用形式可供参考：

1. 大规模白板研讨会；
2. 区域性白板研讨会；
3. 远程白板研讨会；
4. 网上学习路径；
5. 在线学习；
6. 新员工培训。

白板研讨会方法

在之前的章节中，我们提到的一些研究数据都显示了培训参与者通过亲身实践视觉图像的方式，能记住 70% 到 90% 的信息内容。白板研讨会启用选项不仅关乎对白板的记忆，而且是一种基于角色扮演的学习机制，将解决方案知识快速有效地传递给现场人员。这些人可能没有掌握情境流畅，也不像那些资深的、得到认可的销售人员一样拥有丰富的行业知识。截至本书撰写时，我们已经通过研讨会将全球各地 5 万多名销售人员进行分组，每一组少则十几人，多则几千人。这些活动可以持续半天、一天甚至好几天，这对于销售入门培训以及大规模销售会议来说都是理想化的。通常情况下，这些销售会议上总是通过幻灯片演示介绍最新、最棒的产品特征和功能。

研讨会活动的基础就是我们所说的六人单元（Unit of Six）：每一桌上有六个参与者，他们像小组一样一起工作，利用基于角色扮演、重复、模拟推销的方法，使用挂纸白板和马克笔向彼此呈现白板。角色扮演对话之前是"为何—白板"的主旨申明，以及销售领导或者主题专家呈现的高标准白板演示。六人单元的优势在于，它能从两张桌子扩展到成百上千张桌子甚至更多（如果空间允许的话）。最终，最佳表现者们在整个团队面前举行比赛，并由此结束整个活动。

大规模白板研讨会个案研究

我们的最大客户之一——领先的虚拟化软件供应商，在一次销售动员活动中，接待了3 000多名一线人员，期间还租用了拉斯维加斯大型赌场酒店的整个会议中心。我们的客户看到了过去几年中爆炸性的增长，包括全球组织的增加。那次招聘过程也是他们影响广泛深远的销售转型创举的一部分。他们需要找到方法，确保向全球组织展示公司的新型定位、新型信息传递方式以及新型价值主张，因此，他们更加高效地向C级采购者销售解决方案，并且不使用幻灯片就能和竞争对手区分开来。

他们对于培训的要求是，利用更加创造性的方法，吸引现场人员参与亲身实践，而不只是通过幻灯片展示最新、最棒的产品特征和功能。那次活动取得了巨大的成功，活动结束后，大多数参与者都具备了在第二天呈现白板的能力。

当接受调查的时候，参与者认识到，他们之所以对启动会话环节（enablement

session）普遍感到满意，主要有三个原因：

1. 会话是互动性的，参与者能够提问，可以在白板上添加东西，也可以一边向他人学习，一边分享观点；

2. 培训是百分之百亲身实践的，因此促进了主动学习。

3. 本次活动鼓励小组成员走出舒适地带，学习新的技巧，并且以他们意想不到的方式呈现这些技巧。

在培训活动中，白板启动非常成功，以至于我们的客户能立马将制作好的白板分发给合作伙伴，并且将内容翻译成七种不同的语言。

区域性研讨会方法

不幸的是，尽管白板研讨会在大型销售培训上能造成轰动效果（因为这些培训需要一些特殊的东西以激励团队，促进团队建设），但是此类的会议通常一年只召开一次。另外，很多公司由于成本缩减措施正在避免这样的活动。我们的另一个客户—— 一家规模更大的公司选择了类似的研讨会模式，不同的是，培训团队跑到每一个销售区域，组织规模为 100 到 150 人的半天活动。区域总经理利用当天剩下来的时间进行账户审查、制订销售计划以及其他活动。这些活动也同样成功，并且能从更加亲密的氛围和小组特有的关注度中获益。

远程研讨会

想象一下，全球有 50 个不同的分支机构，而且其小组成员少则四个，多则好几十个，他们要参加一个远程研讨会，这种研讨会和那些需要亲自参加的活动一样，也属于团队模式。我们曾为 700 名参与者开展过这样的活动。在这次为时 5 小时的活动中，研讨会由总部的主持人掌控，远程指导小组开展活动和练习。每一个地方都使用价廉的网络摄像头，这些摄像头在网络会议环境下得到整合，使得主持人能在各个地方转移注意力，与各地的与会成员进行合作、分享白板示例，甚至举行竞赛。在某些方面，远程研讨会比大型和区域性活动都更有优势：它能大大减少成本，真正做到个性化体验。主持人可以聚焦于每一个地方的团队，并且分享白板示例。远程研讨会要考虑的一个因素是，它需要为每个地方配备一个当地主持人。

网上学习路径

有组织的研讨会，不管是亲自参加还是远程参加，对于各小组来说都是一个得以见面、分享知识、互相学习的极好机会。你拥有先天的优势去监督学习过程，以确保对白板内容的吸收。但在某些情况下，以团队为基础的培训并不是一个好的选择，一些公司便将网上学习作为前期工作或者后续跟进，以补充亲自参与的活动的不足。这时候，网上学习路径就变得非常有效。网上学习路径不是一个新的观念，它利用行业标准的学习管理系统（LMS）为个体销售人员或者其他领域资源提供内容。对于学习白板，网上学习路径是非常有效的，而且一般都遵循特定的顺序，也就是以下六项步骤进行：

1. 注册网上模块（register for the online module）；
2. 完成白板主题的预习阅读（通过内容实时连接）；
3. 检测预习阅读；
4. 通过测试后，观看白板演示的录像、个人演示的白板或者模拟的白板绘画；

5. 再测验白板的内容；

6. 获得完成证书。

网上学习路径通常要跟踪注册信息，提供与完成情况相关的报告，这就要求设置一定的监控。这样做有一个好处，那就是无论是在独立的培训模式中，还是与研讨会活动相结合的前期或后期工作中，网上学习路径都能确保全员参与。

用于白板培训和启动的网上学习路径，在获得合作伙伴支持和认证上也是一个很棒的选择。我们的一些客户运用网上学习路径方法确保了合作伙伴取得一定级别的解决方案知识，对白板的掌握也成了获得白金地位（这一地位伴随着一定的好处，比如增加的利润等）的必备要求。

网络学习模式

网上学习路径的简化版就是网络学习模式，这一模式可能包括白板演示的录像以及一些附属的幻灯片。这些种类的模式对注册和跟进可能有要求，也可能没有要求。

新雇员培训

我们的很多客户都在他们的新雇员标准培训课程上设立了白板研讨会，甚至是在线培训。一般这样的客户不允许新雇销售人员"接触"客户，直到他们合格地通过三种不同的解决方案白板为止。

CHAPTER 26

如何衡量白板式销售的成功

所有客户对白板都印象深刻。一有机会，他们就会把它拍下来或者央求我不要擦掉白板，这真的让人难以忘记。他们很喜欢它，并打算亲自使用，以白板作为基础，将产品或服务逐层向上级委员会演示以获得资金批准。白板让消费者开始意识到机遇的所在，并且扩大了他们对什么是可能的理解。

企业销售研讨会参与者

当我们向潜在客户提出白板式销售，并将其作为增加知识股权、提高自信、增加收益、实现更多、更大的交易的工具时，我们最常被问及的一个问题就是："那么，告诉我投资回报率是多少"。我们承认，将定量销售指标的改进归功于销售准则或者其他的培训方法，这不是一件容易做到的事。在极少数的情况下，信心十足地将一系列技巧或者销售新方法和销售业绩提高联系起来，是可行的，但在大多数情况下都是具有欺骗性的。我们经常能看到那些方法和培训的提供吹嘘他们"通过 X 提高了销售"或者"通过 Y 提高了交易成交率"。

有很多因素会导致销售增长和其他销售模式方面的波动，比如，季节性、新产品的增加、管理变化、竞争压力的减少等。我们最大的客户是一家存储和数据管理解决方案的供应商，在和我们合作的四年间，他们的收益从 4.5 亿美元增加到 15 亿美元。在这家公司中，白板非常流行，因为白板培训在公司的新员工培训项目中扮演着非常重要的角色。但是，如果我们说白板式销售是收益增长的功臣，那就有点太夸张了。这就是我们主要依赖于大众反馈和回头客的原因，我们将这两项因素作为衡量白板式销售成功与否的最佳指标。白板式销售是一种更好的方式，能将昂贵物品销售给受过教育的买家。

但是，也有很多独立研究的例子证明，比起幻灯片，白板演示更有功效。阿伯丁研究所（Aberdeen Research）对 310 个企业销售组织开展了调查 [2012 年 10 月发表了名为《培训、指导、强化——销售功率最大化的最佳实践》（*Train, Coach, Reinforce—Best Practices in Maximizing Sales Productivity*）的文章]，发现：

1. 53% 一流的公司认为，创造更加有意义的销售会话是在不确定的经济中保证和提高利润的首选；

2. 掌控和引导互动性的白板对话（与演讲或者静止的幻灯片平台不一样）将带来：

• 销售商机转化率高于 50%；

• 生产时间缩短 29%(销售代表工作高效)；

• 平均销售周期缩短 15%；

• 年度利润提升 2.5%；

• 第一年代表配额提高 2.3%。

除了独立研究之外，我们还用到四个主要方式，来定量衡量白板流程化设计的整体成功性。这四种方式分别是：

1. 培训后的网上调查；
2. 客户关系管理整合；
3. 白板认证；
4. 对照研究。

培训后的网上调查

白板培训会议结束三个星期后，进行网络调查是测量即时效果的最佳方式之一，它将告诉你活动的反响如何，对客户交流的初始冲击，以及使用白板前后六个月的对比，使用白板对平均交易规模的影响。我们会开展这些调查，得到的数据也非常具有一致性。我们通常会询问以下从很多调查中得到的客户普遍反馈的普遍问题：

1. 白板研讨会促进了出售解决方案、传递解决方案和提高了产品的满意度。

（a）同意及非常同意：80%；

（b）中立：14%；

（c）不同意：5%；

（d）完全不同意：1%。

2. 你会向同伴或其他人推荐这一研讨会的方法吗？

（a）当然会：71%；

（b）可能会：19%；

（c）不会：10%。

3. 你打算在现有客户或潜在客户面前使用白板（或部分使用白板）吗？

（a）我已经至少演示过一次：41%；

（b）我已经演示过五次甚至更多：23%；

（c）我很快就会演示：36%。

在一些情况下，从这些经调查的销售数据中，我们有可能会得到定量的结果。比如，在一项调查中，受调查对象不止一次使用白板，然后我们要求他们提供与具体销售机遇相关联的交易规模，我们发现交易规模比培训前六个月得到的客户关系管理数据要高出 23%。但是正如之前提到的那样，很多其他因素也有可能促进这一提升。

客户关系管理整合

衡量成功的另一个有效方式就是当白板在具体的销售机遇中使用时，让销售人员通过在客户关系管理系统的方框内打钩，或者填写自定义字段，去衡量是否成功。使用这个方法时，你将面临很多挑战，最常见的就是要对销售人员进行培训，让他们知道如何做到这一点，为什么这么做很重要。另一个挑战则是客户管理系统本身必须得到修改，这就需要得到技术或者销售运营部门的帮助，甚至可能在跟踪装置生效之前，你必须等待下一个版本的软件。

不过，有一次我们将这整个过程组织得井然有序，并且给人留下了深刻的印象。我们从 250 多个销售者、1000 多个销售机遇以及 600 多个客户那里搜集了数据。销售人员在他们的客户关系管理系统中运用了下拉字段（drop—down field），以显示白板的使用方式，并跟踪总收入和平均交易规模的数据。结果数据给人以深刻的印象，并且具有可靠性。

白板培训得到应用：280 000 美元

白板培训帮助识别：225 000 美元

白板培训帮助推进：335 000 美元

白板培训帮助成交：345 000 美元

这些数据明确告诉我们，感到白板能够帮助到自己的销售人员越多，交易规模也就越大。正如本部分一开始的大众反馈一样，消费者在参加白板对话时能够创造他们自己的购买愿景，因此也就能提高整体的数据水平。

白板认证

要想确保接受过白板培训的销售人员知道如何完整传递白板的内容，一个百分之百有效的方法是让他们走进一间带有白板和一组同事或上司在场的房间。接着，让销售人员进入角色开展白板演示，随着演示的进行，同时让台下的同事或上司在标准化的打分纸上打分，并问一系列问题，或提出反对意见。参与者不仅要接受白板内容相关知识的测试，还要接受很多其他白板最佳实践的测试（参见第六部分）。搜集到的数据要制成表格，呈现给销售经理和其他主管，以检验培训活动后的吸收程度。数据可以在区域、地区、团队和个人的层面上进行分解。最理想的状态是，每一个参与者都能收到一份个性化的报告，记录他们的优势和发展领域，以及和小组其他成员的对比。尽管这不会测量对收入的影响，但是所有参与者都得到了学习，增加了对解决方案的知识掌握，并从这一角度确保了对投资回报率的测量。

对照研究

测量白板销售（或其他任何销售准则）对销售指标积极影响的最有效方式（但是从逻辑上讲很困难）可能是某种对照研究，但是必须承认，我们从来没有进行过这样的研究。这种研究的方法是，让一半销售力量参加白板培训，另一半则不用参加，然后对这两组销售人员在销售业绩方面进行 6 个月到 1 年的跟踪。这样的研究需要大量的销售人员参与，而且要让他们以同样的方式销售同样的东西，并且要控制各种外界因素，避免对其中一组销售人员造成影响。我们从来没有开展这样的研究，原因是除了逻辑困难和极有可能犯错之外，销售和市场领导在对照小组和对照数据等学术研究方面很少会感兴趣，他们更注重如何使所有销售团队在当下变得更加高效，不管采取什么方法（白板式销售、洽谈技巧、销售流程等）。他们要么已经亲眼见证过销售培训的效益，要么从新雇员或同事嘴里听到了销售培训的影响，并不需要用看到（或者相信）对照研究的结果来说服白板式销售培训的有用性。

PART6

白板演示及注意事项

CHAPTER 27

白板演示最佳实践

不管你是一名销售人员、培训师、市场专员，还是销售主管，如果你已经决定设计或者学习白板式销售，那么很快你就需要以一种自信的心态，在真实的情境下进行白板演示。

重复

即便你参加过白板研讨会，并且有能力在第二天向现有客户或者潜在客户呈现白板（或者白板的一部分），你仍然需要不断地练习以掌握所有要点，确保你对内容和故事流程做到百分之百的掌握。这里的七个步骤能使你在不到两个小时的时间内掌握本书中任何白板的图像内容和演示流程。

1. 拿起一叠普通的白色复印纸以及一支自动铅笔。

2. 对于初学者而言，请反复阅读白板销售工具或者其他打印资料。

3. 现在，把你的销售工具放到一边，尽你所能从头到尾画出白板的步骤。不要参考你的白板指导手册！你会遗漏一些东西，但不要因为这个而停下来，继续画。

4. 查看白板材料，核对你遗漏了什么。

5. 重复步骤 3 和 4 若干次，你将掌握白板的图像（最困难的部分）。

6. 可选：准备一支四色（红、绿、黑、蓝）比克牌圆珠笔，这些颜色正好是我们在白板演示时会用到的颜色。一旦你用铅笔掌握了图像，那么用圆珠笔试试看，想一下哪个地方应该用哪种颜色。

7. 在接下来的几次重复练习中，分层次背诵脚本。

一旦你觉得运用纸和笔已经掌握了白板技巧，你就可以召集一些同事，最好是请来一位可靠的客户，在真正的白板上向他们进行演示，也可以在数码屏幕上进行。你向谁演示其实并不重要。演示对象可以是兄弟姐妹、父母、朋友甚至是宠物——一个培训生确实向他的宠物狗做过演示，因为他被大雪困住，无法到办公室和同事们练习！

有备而来

在开始白板演示之前，确保有以下三大必备工具供你使用。

1. 提前打电话，确保你的会议安排在有白板的会议室或办公室中。

2. 一定要随身携带属于你自己的一套马克笔，包括红色、绿色、黑色和蓝色，最好是伸缩式的马克笔，这样的话就不会出现忘记盖笔盖而导致笔墨风干的情况。

3. 带一包"白板擦"——你可以在任何办公用品店里买到的一次性纸巾。这会让你的客户感到你事先已经考虑得万分周全，而且你也可以趁机补充道："我随身携带这些东西，那是因为这也是我向所有现有客户和潜在客户演示白板的方式——我知道你们已经看够了幻灯片！"当你的客户微笑着点头表示同意时，你的会议就已经取得了良好的开端。

注意你的站立位置

当演示白板时，站立位置上的微小调整也会产生很大的影响。使你的双脚垂直于白板，千万不要改变这个姿势，除非你要转过身面向观众。这是一个很小的细节，但保持这一位置站立时，你就不会背对着观众。这条规则对于用左手演示白板的人来说是不适用的，但这个原则仍然适用。

丧脚规则

　　有一个很好的方法可以让你记住你必须站在一个合适的位置，那就是想象一道激光束或者其他对肢体构成威胁的设备从天花板上延伸下来，并一直沿着绘画表面的 X 轴。如果你的右脚跨过了这条看不见的界限，那么你将失去一只甚至两只脚。

吸引注意力

　　现在你的站姿不再受到约束，你可以把你的潜在客户吸引过来，让他们参与到互动的对话中。微笑、眼神交流、使用手势都会发挥巨大作用。当在一群人面前演示白板时，记住要抬高白板位置，提高音量。这将使你的观众把注意力集中在你身上，而不是去关注他们的手机和电脑。

避免出现沉寂

最常见的过失之一就是在白板上写字的时候不说话，然后转向你的观众逐字地重复你刚刚在白板上涂画的内容。这样的话就会出现一段尴尬的停顿，打断了演示的流程，让你的观众有机会分散注意力，转而查看他们的邮件。只要稍加练习，比如利用开放式站姿，你就可以轻易地克服这一点。一定要确保涂画的时候说话，然后转过身面向观众，详细解释涂画的内容。

放慢速度

如果你是一位觉得自己的笔迹不工整因而不敢使用白板的专业销售人员的话，那么你就准备好让自己吃惊吧。笔迹不工整是速度太快和对自己的演讲不熟悉导致的。一次好的演讲不应该显得很匆忙，因此，调节好你的速度，享受过程，从容地吸引你的观众，不要在白板上龙飞凤舞地涂画。最好的结果是，你的潜在客户或者现有客户在白板上写了"记下"这一字样，这时候，白板也就成了内部销售，在你结束演讲离开他们公司后，白板的影响力仍将久远地持续下去。

控制好时间

一个常见的问题是："我的白板演示应该持续多久？"自然，这一问题将根据当时的情境、白板类型、你的观众以及他们在公司中的级别而定。按照通常的经验，基本的解决方案白板应该控制在 7 到 15 分钟，前提是你的演示没有受到打断。一旦添加交流互动环节，你就可能讲上一个小时。事实上，因为白板演示这一方法非常吸引人，因此你常会发现，会议的持续将不会受到潜在客户的反对。

根据拥有的时间长短以及演示白板的对象，你可以适当添加或者删除内容，定制基本的白板演示流程。重要的是，不管你的观众是谁，你都可以使用相同的基本内容、视觉结构和流程。但是，为目标公司的每一个题目都设置一个不同的演示情节，那是不切实际的。

虚拟化

使用简单的网络会议软件以及叫做 Papershow 的革命性数码显示屏，你就可以以非常合理的价格（大约 175 美元）模拟一次完全虚拟的白板演示。这对你的销售利润率将产生巨大的影响。你不需要东奔西跑就可以通过标准的网络会议系统进行互动性极强的远程推销。这一方法不仅仅只是节约了旅行成本，还会吸引潜在客户更多的注意力。我们发现，50% 的网络会议参与者将间歇地离开远程幻灯片演示，查看电子邮件或者其他软件，但是在数码显示屏图像演示时，离席率只有不到 10%。

数码显示屏对于远程幻灯片分享而言还有一个优势，那就是你可以在白板上根据潜在客户的反馈和输入添加注解（可以运用不同的颜色），然后将白板内容自动生成 PDF 文档，通过 Papershow 程序直接以电子邮件的形式发送给潜在客户。

销售支持也可使用白板

现场人员有着得天独厚的条件，可以和潜在客户进行面对面的沟通（要么在会议室中，要么吃饭时在餐桌上的餐巾纸上）。内部销售人员也应该获得机会接触这样的技巧，以便尽早地开始销售流程，提高对话率，缩短销售周期。如果你是内部销售团队的一员，那么即便你不能和潜在客户面对面，也不意味着你无法从视觉演讲技巧中获益。上文中提到的虚拟白板情境使你可以通过远程白板演示，开展交互性的对话以及优质讨论。设想一下，"我会给你发一封电子邮件，交流更多信息"和"你们现在可以用浏览器吗？我们为何不进行快速的网络会议，这样的话我可以只花 10 分钟时间，通过虚拟白板向你们展示我所说的内容"这两种说法之间有何区别。在这种情况下，你就可以运用之前提到的 Papershow 数码显示屏，或者其他基于电脑的绘画技术。

餐桌上的白板

白板最有效的使用方式之一是和客户在你最喜欢的牛排店、海鲜酒家、意面店一起吃饭，或者下班后到酒吧喝酒时，利用餐巾纸进行白板演示。在餐馆吃饭营造的是一种不带偏见的氛围，你们可以进行深入的交流，这样的场合不像工作的办公场所那样正式。很显然，拿出笔的最佳时机是你点完菜单之后和食物上桌之前的这段时间。你们边吃饭边继续对话，然后在喝咖啡的时候结束对话，来为具体的后续步骤提供文件依据。到了总结阶段，你可以撕下这张带有图像讨论的纸片，折叠起来，并把它交给潜在客户或者现有客户。

你应该使用什么种类的笔？拿出一大捧颜色各异的马克笔或者蜡笔不会给人留下很好的印象，最好带上一支便利的比克牌四色圆珠笔。当然，为你的客户也准备一支！

结语　销售转型的伟大创举——白板式销售

　　白板式销售是通过运用视觉图像阐述故事的一种途径，是整个销售转型创举的一部分。它以一种贴切、协调的方式将你的销售团队和正确的信息、正确的客户以及正确的解决方案联系起来。白板销售不是说"接下来就是要说的和要画的"那么简单，而是让销售人员和其他与客户直接接触的人员深刻地认识到一种全新的价值定位和信息输入方式，然后只凭借一块白板或者一叠纸就能将这些价值定位和信息传递出去。这在评估销售团队，向现有客户、潜在客户以及合作伙伴传递不一样的价值时，是一个非常重要的因素。

史蒂夫·罗兰（Steve Rowland），WW 销售公司副总裁

在这本书中，我们已经竭尽所能向读者提供了白板销售相关背景、工具、最佳实践以及一个整体计划，为销售搭建有效的白板。我们目睹了这些方法一次又一次帮

助大大小小的公司提高销售有效率，促进信息分享和团队建设。但是，正如史蒂夫·罗兰在上文中指出的那样，这不仅仅是白板创建的问题，而是白板式销售在策略性的销售转型项目中起到的作用。

前进的道路

因此，接下来要做什么呢？你应该从何开始？你可能已经根据我们在这本书中的指导进行到某种程度了。我们把一些练习的种类整理成以下这张工作表，希望能引导你朝着正确的方向前进，并将一些你可能已经开始的白板理念运用到实践中去。在本书中，你模拟过的或者读到过的所有白板中，哪一种是你最想使用的（参考第 8 章）？填写以下空格，并开始你的第一块白板流程化设计。

练习

白板种类：
白板目标：
引人注目的事件（开始、区域培训、其他截止日期）；
白板名称：
白板观众：
白板演示者：
工作小组成员：
白板评论者：（合作伙伴、客户、分析家）
支持模型：
其他白板用途：（市场推广、商机引导、等等）

希望您白板演示之旅愉快！

北京阅想时代文化发展有限责任公司为中国人民大学出版社有限公司下属的商业新知事业部，致力于经管类优秀出版物（外版书为主）的策划及出版，主要涉及经济管理、金融、投资理财、心理学、成功励志、生活等出版领域，下设"阅想·商业"、"阅想·财富"、"阅想·新知"、"阅想·心理"以及"阅想·生活"等多条产品线。致力于为国内商业人士提供包含最先进、最前沿的管理理念和思想的专业类图书和趋势类图书，同时也为满足商业人士的内心诉求，打造一系列提倡心理和生活健康的心理学图书和生活管理类图书。

 阅想·商业

《颠覆传统的 101 项商业实验》

● 101 项来自各领域惊人的科学实验将世界一流的研究与商业完美结合，汇集成当今世上最绝妙的商业理念。
● 彻底颠覆你对商业的看法，挑战你对商业思维极限。
● 教会你如何做才能弥补理论知识与商业实践之间的差距，从而树立正确的商业理念。

《游戏化革命：未来商业模式的驱动力》（"互联网与商业模式"系列）

● 第一本植入游戏化理念、实现 APP 互动的游戏化商业图书。
● 游戏化与商业的大融合、游戏化驱动未来商业革命的权威之作。
● 作者被公认为"游戏界的天才"，具有很高的知名度。
● 亚马逊五星级图书。

《忠诚度革命：用大数据、游戏化重构企业黏性》（"互联网与商业模式"系列）

● 《纽约时报》《华尔街日报》打造移动互联时代忠诚度模式的第一畅销书。
● 亚马逊商业类图书 TOP100。
● 游戏化机制之父重磅之作。
● 移动互联时代，颠覆企业、员工、客户和合作伙伴关系处理的游戏规则

《互联网新思维：未来十年的企业变形计》（"互联网与商业模式"系列）

● 《纽约时报》、亚马逊社交媒体类 No.1 畅销书作者最新力作
● 汉拓科技创始人、国内 Social CRM 创导者叶开鼎力推荐
● 下一个十年，企业实现互联网时代成功转型的八大法则以及赢得人心的三大变形计
● 亚马逊五星图书，好评如潮

《提问的艺术：为什么你该这样问》

- 一本风靡美国、影响无数人的神奇提问书
- 雄踞亚马逊商业类图书排行榜 TOP100；
- 《一分钟经理人》作者肯·布兰佳和美国前总统克林顿新闻发言人迈克·迈克科瑞鼎力推荐

《自媒体时代，我们该如何做营销》（"商业与可视化"系列）

- 亚马逊营销类图书排名第 1 位；
- 第一本将营销技巧可视化的图书，被誉为"中小微企业营销圣经"，亚马逊 2008 年年度十大商业畅销书《自媒体时代，我们该如何做营销》可视化版；
- 作者被《华尔街日报》誉为"营销怪杰"；第二作者乔斯琳·华莱士为知名视觉设计师；
- 译者刘锐为锐营销创始人；
- 国内外诸多重磅作家推荐，如丹·罗姆、平克、营销魔术师刘克亚、全国十大营销策划专家何丰源等。

 阅想·新知

《大未来：移动互联时代的十大趋势》

- 第一本全面预测未来十年发展趋势的前瞻性商业图书。
- 涵盖了移动互联网时代的十大趋势及其分析，具有预测性和极高的商业参考价值，帮助企业捕捉通往未来的的商机。
- 全球顶级管理咨询公司沙利文公司中国区总经理撰文推荐。
- 中国电子信息产业发展研究院鼎力推荐。

《数据之美：一本书学会可视化设计》

- 《经济学人》杂志 2013 年年度推荐的三大可视化图书之一。
- 《大数据时代》作者、《经济学人》大数据主编肯尼思·库克耶倾情推荐，称赞其为"关于数据呈现的思考和方式的颠覆之作"。
- 亚马逊数据和信息可视化类图书排名第 3 位。
- 畅销书《鲜活的数据》作者最新力作及姐妹篇。
- 第一本系统讲述数据可视化过程的的普及图书。

 阅想·财富

《金融的狼性：惊世骗局大揭底》

- 投资者的防骗入门书，涵盖金融史上最惊世骇俗的诈骗大案，专业术语清晰易懂，阅读门槛低。
- 独特视角诠释投资界风云人物及诈骗案件。

阅想·心理

《幸福就在转念间：CBT情绪控制术（图解版）》

- 美国《健康》杂志权威推荐，心理治疗师们都在用的、唯一一本CBT情绪治愈系图解书。
- 用视觉化的呈现方式，幽默解读情绪的众生相，有效帮助读者转变思维模式，控制情绪。
- 两名作者共同创办了认知行为治疗学院和City Minds，拥有丰富的经验，并运用认知行为治疗和焦点解决短期治疗法，开创了综合治疗法。

阅想·生活

《谈钱不伤感情：影响夫妻关系的5种金钱人格》

- 世界上没有不合适的金钱人格，只有不会相处的夫妻。
- 生活中一切看起来让人抓狂的金钱决定皆因彼此不同的金钱人格。你的金钱人格塑造了你对金钱、对生活的看法。只有看清自己和对方的金钱人格，了解各自思考和处理金钱关系的方式，才能找到让夫妻关系日久弥新的好方法！
- 要记住为婚姻保驾护航，不仅需要呵护好爱情，更要维系好夫妻之间的金钱关系。

《让梦想照进现实：最受欢迎的24堂梦想训练课》

- 英国最受欢迎的梦想训练课，曾指导许多人达成了自己的梦想和愿望。
- 循序渐进的24堂梦想训练课，可用于自我管理、计划规划与执行等方面的培训。

随书附有梦想训练导图。

阅想官方微博：阅想时代
阅想微信公众号：阅想时代（微信号：mindtimespress）

阅想时代 | 策划
Mind Times Press

Whiteboard Selling: Empowering Sales through Visuals by Corey Sommers and David Jenkins

ISBN: 978-1-118-37976-9

Copyright ©2013 by Corey Sommers and David Jenkins.

Simplified Chinese version © 2014 by China Renmin University Press.

Authorized Translation of The Edition Published by John Wiley & Sons, New York, Chichester, Brisbane, Singapore and Toronto.

No part of this book may be reproduced in any form without the written permission of John Wiley & Sons Inc.

All Rights Reserved.

本书中文简体字版由约翰·威立父子公司授权中国人民大学出版社在全球范围内独家出版发行。未经出版者书面许可，不得以任何方式抄袭、复制或节录本书中的任何部分。

本书封面贴有 Wiley 激光防伪标签。

无标签者不得销售。

版权所有，侵权必究